離開時，以我喜歡的樣子

日本個性派俳優，是枝裕和電影靈魂演員，樹木希林120則人生語錄

樹木希林

藍與析 譯

出自《25ans》（Hearst 婦人畫報社）二〇一八年十一月號。
（攝影：矢吹健巳／協力：Asuka Kanze、Yoake Pictures Inc.）

右頁右上●一九四三年一月十五日，樹木希林誕生於東京神田。此照片約為一歲左右時拍攝，同花色的母女裝為母親清子女士親手縫製。父親襄水先生比清子女士小七歲，當時還是一名警察，日後成為薩摩琵琶演奏家。

右頁左上●對鏡中的自己「自拍」，十多歲時的樹木希林。

右頁下●一九七三年，與歌手內田裕也結婚（©Kodansha/Aflo）

左頁●二十多歲時，「悠木千帆」時期的樹木希林。悠木千帆這個藝名的「悠木」與「勇氣」同音，且很有寶塚的味道；「千帆」則是從版畫家前川千帆的名字借用而來。

右頁●拍攝電視劇時，與共同演出的岸本加世子一起在休息室中拍的照片。在那之後兩人也是一同拍攝富士軟片廣告的好拍檔。（©Kodansha/Aflo）
左頁上●一九七六年，女兒也哉子的滿月參拜之後，在照相館拍攝的紀念照，也是與丈夫分居多時後的初次相見。
左頁右下●剛生完也哉子之後沒多久。從電視劇《寺內貫太郎一家》中的阿嬤一角搖身一變，成為《櫻花之歌》中的孕婦。（©日刊 Sports）
左頁左下●拍攝電視劇《寺內貫太郎一家》中的樹木希林與淺田美代子。淺田女士表示對樹木希林一直都有著如對母親般的孺慕之情。（©Kodansha/Aflo）

以英國畫家米雷（John Everett Millais）的名作《奧菲莉亞》（Ophelia）為概念所拍攝的寶島社企業形象廣告視覺（二〇一六年一月），與廣告詞「讓我以喜歡的方式死去吧」一同引起廣大的迴響。

二〇一六年拍攝的全家福。自樹木希林起始，順時針方向分別為內田雅樂、也哉子、本木雅弘、伽羅、裕也、玄兔。

關於本書的出版

寶島社

二〇一八年九月十五日，演員樹木希林女士去世，享壽七十五歲。

樹木女士不僅參與電視劇、電影演出，也拍攝電視廣告、擔任紀錄片旁白等，活躍在各個領域中。本書是出於樹木女士曾拍過寶島社企業廣告牽起的緣分而得以出版。

樹木女士生前從事的是演藝工作，另一方面也接受電視、報章雜誌等各種媒體的採訪，因而留下為數不少的「訊息」。本書從她的話語之中加以挑選，再以生、老、病、死等人生普遍會經歷的課題為中心，編輯而成。

樹木女士不喜歡被固有的觀念或常識所囿限，認為應將人生過得有趣，不論什麼樣的困難都能化做自己的養分——這樣的她留下了諸多充滿智慧的話語，若能在我們人生要跨越某些高牆之際想起，或許可以給予重要的啟發。

本書的製作仰賴各電視台、報社、出版社慨然允諾轉載、引用，以及多位攝影師提供珍貴的照片，我們由衷感謝。

目錄

第一章

生

——關於人生與幸福

Kirin's Will

001

所謂的幸福，
並非「時常在那裡」，
而是「要靠自己去發覺」。

在電影《比海還深》上映時的訪問中，被問及對自己而言，何謂「幸福」時所答。

——二〇一六年六月

怎麼做才不會被別人的價值觀牽著走？

答案應該是「自立」吧。總之，想要怎麼做、該怎麼做，都得先用自己的腦袋思考，再自己去做。偶爾依賴他人雖無妨，但還是得自己先想想無人可求助時該怎麼辦。甚至能享受這樣的狀況，那就更棒了。所謂的幸福，並非「時常在那裡」，而是「要靠自己去發覺」。我覺得即使是平凡的日常、微不足道的人生，若能試著享受、玩味，就能在其中找到幸福。

Kirin's Will

002

若我們常覺得別人「真好，這個人真不錯呢」，慢慢地，對方也會在我們的期待下，給予正向的回應。

於藝術家箭內道彥的專訪中所答。

——二〇一三年四月

若我們常覺得別人「真好，這個人真不錯呢」，慢慢地，對方也會在我們的期待下，給予正向的回應。

因為有這樣的關係，我還滿常從別人那兒得到幫助。所以啊，最近我也會這麼問人：「你想要從別人身上分到好運嗎？」

被問的人當然會說「想啊」，接著我說：「若想讓你的人生常有好運，就不要將抱怨說出口。」若對方說「可是就是會忍不住啊」，那是因為你這麼想啊。我是認為，打從一開始就別讓抱怨在心中成形就沒事了。

Kirin's Will

003

對於一切的事物，
我都沒有什麼非如此不可的鐵律。
就拿我的長相來說好了，
就是出了什麼錯才會長成這樣（笑）。
不過，我就是活用這種不完美，一路走過來的。

在接受雜誌訪問時，談到自身的價值觀、人生觀。
——二〇〇二年八月

在建造這房子時，我還另外多請了一位建築師，要求他若發現不對的地方便通知我，比方說在工地現場看到與設計圖上不同的地方開了個洞之類的。這時我不會特別要更換或是補救，而是如何運用這個失誤，誰知道會不會做出比當初的設計更好的成果呢？若是選擇補救，失誤就永遠是失誤，但若是弄成別的東西，就能夠讓這失誤起死回生。

對於一切的事物，我都沒有什麼非如此不可的鐵律。就拿我的長相來說好了，就是出了什麼錯才會長成這樣（笑），再怎麼說也擠不進美女演員的行列裡。不過，我就是活用這種不完美，一路走過來的。現在這時代，長得怪反而會被認為是有趣的，更能被接受；但是在四十年前，就算演女僕也不允許長得太醜。而我竟能在這股風氣之中存留下來，我想，應該是我活用了自身的不完美吧。

Kirin's Will

004

不論是一個人、兩個人，
就算有十個人在，寂寞的人還是會寂寞。
人就是這樣啊。

與文學座的同期友人橋爪功對談時所言。
——二〇一六年六月

現在有很多人會怪東怪西，說是國家害的啦，上面的人不這麼做啦，或是先生或孩子如何不好，都是別人的錯。也有人問我：「一個人住在這麼大的房子裡，不會寂寞嗎？」可是我從來不會因為和誰在一起就不感到寂寞了。不論是一個人、兩個人，就算有十個人在，寂寞的人還是會寂寞。人就是這樣啊。

Kirin's Will

005

人啊，是為修補自己與生俱來的缺點，以及改善不合格之處而生的吧。

北大路魯山人曾在電視節目中說過：「人隨時都可以死去，我們並不是為了該做多少事而誕生在這個世上的。」對此感到認同，拿來與自己的工作觀、人生觀相對照。

——二〇一七年八月

我雖然這樣偶然地吃了演員這行飯，但不曾想過要大紅大紫，覺得生活過得去，能夠有些有趣的事情就可以了，所以對人生沒有什麼不滿的。只不過現在回頭來看，若要說人生有什麼非做不可的事，我覺得人啊，是為修補自己與生俱來的缺點，以及改善不合格之處而生的吧。

年過七十之後特別是如此。盡可能地修補著。人並不是為了工作而生，沒有非如何不可，只是一點一點地拿著線這樣修補著……我是這麼認為，所以覺得那段話該這麼解讀吧。

Kirin's Will

006

想要靠自己看清楚「人」，就非得要獨立。

在訪問中表明要關閉事務所，與經紀人解約，決心「一人獨行」時所言。

——一九八八年七月

在自家前的路上。（二〇一五年）©《週刊現代》（講談社）／攝影：菊池修

Kirin's Will

007

一個人所能擁有的是有限的，想要的再多，也沒能力全拿走。

被問及不隸屬於任何經紀公司、不僱用經紀人的演員生活一事時所答。

——二〇一八年七月

家裡有電話答錄機，這樣還接不上線的話也沒辦法了。一直以來，我從未因哪個角色被別人拿走了而心有不甘，還覺得太好了，快拿去、拿去。一個人所能擁有的是有限的，想要的再多，也沒能力全拿走。所以像是衣服、物品，若有人喜歡，我就送給他。給了對方，它就能延續生命。可反過來說，我是不收受東西的。

Kirin's Will

008

「還要再多、更多」的心情消失了；
「不該這樣啊」、「應該更那樣一點」的想法
一點都不剩。

電影《仙人畫家：熊谷守一》上映時的訪問，談到罹癌以來的心境變化。

——二〇一八年五月

「還要再多、更多」的心情消失了；「不該這樣啊」、「應該更那樣一點」的想法一點都不剩。將自己抽離，從高處俯瞰，一想到「現在可以這樣，實在太值得欣喜，本來是不可能的事呢」，就不會再要求更多，一下變得輕鬆多了。當然也不會與人比較。

這應該是生病之後才有的心境吧。不知何時會死，但也並不是就此放棄，這個狀態下竟也能活到現在，算是不錯了呢，幹得好。況且還有那麼傑出的作品找我演出，我還真是幸福。

Kirin's Will

009

就算聽到不喜歡的話題，
我的臉上還是會盡力保持笑容。

面對報紙採訪時，回答「意識到死之後」的心情。
——二〇〇九年二月

就算聽到不喜歡的話題，我的臉上還是會盡力保持笑容。就像水井的幫浦，只要去壓它，不久後就會有水打上來。同樣的，就算覺得無趣，只要依然笑笑的，就漸漸會有開心的情緒湧現。大概是我一直板著臉的關係吧，只要說一句「什麼？」，我先生內田就會問我「你是在生氣嗎？」（笑），所以還是要避免讓人家誤會啊。

Kirin's Will

010

從小就知道與別人比較很沒意思，因此不管得不得獎，我都沒什麼感覺。

於報紙連載的訪問，被問到憑電影《東京鐵塔：老媽和我，有時還有老爸》榮獲日本電影金像獎最佳女主角時的感想。

——二〇一八年五月

從小就知道與別人比較很沒意思，因此不管得不得獎，我都沒什麼感覺。不過畢竟是藝人，觀眾都期待這些獎，所以我就說句「哦，得獎了啊」，然後心存感激地接受。可是獎盃好占空間，實在討厭。

四年前得到旭日小綬章時，我也想過該怎麼辦。內田得知後就對我說：「廢話少說，乖乖去領就是了！」我還以為這個人只會說「rock'n roll」咧，竟然還會要我「廢話少說」，我這樣真的是在說廢話不是嗎？不禁覺得他還真理解我呢。

Kirin's Will

011

重視那些能讓你感動的事。
能夠變成更好的自己，就會有更好的相遇。

電影《比海還深》上映時，與共同演出的阿部寬對談，
其中給雜誌讀者的一句話。

——二〇一六年五月

拍照時，不帶造型師、美容師，全都自己打理。（二〇一六年）©《FRaU》（講談社）二〇一六年六月號／攝影：荒木經惟

Kirin's Will

012

結婚還是得趁還不懂事時趕緊結一結好。

在報紙訪問中談到回首人生，關於女兒內田也哉子的事。對當時才十九歲便決定要結婚的女兒所說的話。

——二〇一五年五月

這孩子感覺上是好多人幫我一起帶大的，工作時也能毫不介意地帶到現場。同劇演員由利徹先生大概覺得這孩子沒有父親在身邊會很寂寞吧，常常打電話來關心，第一句話就是：「也哉子在嗎？」她可說是在眾人的愛當中長大的。

到了要上高中的時候，她說了一句：「媽媽，我可以出國留學嗎？」就自己找到瑞士的學校，早早就獨立了。若是過度保護，孩子就無法獨立了。

她十九歲結婚時，也問我是不是繼續求學比較好，我對她說：「學校呢，你何時想去都能去，可是結婚還是得趁還不懂事時趕緊結一結好。」（笑）近來人們不是漸漸都不結婚了嗎？孩子也是要趁早生，所以現在你看，她就生了三個了。

Kirin's Will

013

當然也是有需要想得透徹的事情，
但盡可能不忘「不遊戲，枉為人」的初心，
畢竟是藝能界的人哪。

於報紙連載的訪問，談到將「悠木千帆」這個藝名拍賣之後，改用「樹木希林」這個名字的經過。

——二〇一八年五月

「樹木希林」（ki ki ki rin）這個名字是翻字典隨便挑中的。我喜歡疊音字，連女兒的名字都取作「也哉子」（ya ya ko）。本來覺得若叫「cha cha cha rin」聽起來很不錯，但找不到相對應的漢字。在拍電視劇《姆》的時候，還拜託久世光彥先生：「我不認識現在叫做悠木千帆的那個人，你可以出面幫我把名字買回來嗎？」久世先生吐槽我說：「這樣太丟臉了吧。」「不然，你覺得母啟子（ha ha kei ko）這個名字如何？」久世先生不得已只好這麼提議，啟子是我的本名。「年紀大了之後，ha ha可以改濁音，就變成ba ba（老太婆之意）啟子了。」他說。母啟子這名字比樹木希林有趣呢，不過已經改不過來了，改名真的好麻煩啊。

從更改藝名這件事看來也是如此，我總是想到就去做了。不過異想天開不就是我們的工作嗎？當然也是有需要想得透徹的事情，但盡可能不忘「不遊戲，枉為人」的初心，畢竟是藝能界的人哪。

Kirin's Will

014

失敗了，就從失敗的地方開始。
不要想太多。

在探訪日本全國古董的電視節目中，提到自己裁製和服時的所想所思。

——二〇一一年八月

我不會回到原點，不會從頭再來一次，就是從錯誤的那裡開始。沒時間重來。所以失敗了，就從失敗的地方開始。

像現在，和服不是鬆了嗎？那就從這裡開始，不要想太多。

Kirin's Will

015

我只是為原本就有的東西找到出路。

接受雜誌的採訪，聊到當天的服裝搭配時所言。

——二〇一八年五月

我今天是完全的裸妝。我和編輯說，可不可以不上妝，這樣就可以直接呈現皮膚原有的質感，不也很好嗎？

這件連身裙是將和服拿來裁製改成的，當然是我自己做的。外面穿的這件絞染的短外套本來是條領巾，但對我來說太長，很難用，就稍微縫一下，讓手可以穿過去，便成了短外套。

稱不上是什麼厲害的點子，我只是為原本就有的東西找到出路。已經不再買任何新的東西了，將身外之物整理整理，一邊減少所有物，可以用的東西就再次活用，不然豈不浪費？所以就動腦想一下，動手做一下。若是有新點子冒出來會很開心，不覺得這樣還滿有趣的嗎？

Kirin's Will

016

似乎有人很怕我，
那是因為我沒有什麼欲望的關係吧。
一旦有了欲望或是執著，就會變成弱點，
很容易讓人有機可乘。

電影《戀戀銅鑼燒》上映時的訪問，談到對於演員這個職業的想法。

——二〇一五年六月

似乎有人很怕我，那是因為我沒有什麼欲望的關係吧。一旦有了欲望或是執著，就會變成弱點，很容易讓人有機可乘。我沒有欲望，所以才讓人感到可怕吧。

我對於演員這個工作，同樣沒有什麼特別的執著。比起來，我更看重身為一個人該怎麼活這件事，所以我只是很普通地活著而已，也會掃地、洗衣服。平常並不會特別為了一個角色去做功課，到現場裝扮好之後就直接進入那個角色的情緒之中，對我來說，演員大致就是這麼一回事。

Kirin's Will

017

我想要的不是快樂，而是覺得有趣。
快樂是客觀的，
要投入其中才會感到有趣。
人生在世，若不覺得有趣，就很難走下去。

在以「衰老」與「死亡」為主題的雜誌訪談中所言。回想某次在地方上一場以「死亡」為主題的座談活動，席間聊到朋友從海外歸國的女兒來到臨終前的父親身邊時所發生的小插曲。

——二〇一七年五月

在病床前，子女不都會拚命地喊著「爸爸！」、「你醒來啊！」嗎？心電圖上的電波「嗞、嗞、嗞……」的很微弱，幾乎就要變一條直線了，不過呢，床上的人彷彿聽到有人在喊他吧，那個「嗞、嗞」的電波又開始跳動了。（中略）後來又開始轉弱，變「嗞……」的時候，女兒又會喊「爸爸！」、「你要活下去啊！」可是這樣重複來回了幾次，大家也逐漸麻木了。不知道是第幾次心電圖又「嗞……」地變弱，這女兒竟然喊出：「爸爸，你到底是要活還是要死，下個決定吧！」

當場所有人都爆笑了出來，還是在那個以死為中心的地方呢。不過那種心情大家可以理解吧？然後那件事還有後續，遺體送到火葬場，要準備火化，這段時間家人朋友都到一個房間裡等著，大約一個小時後，殯葬人員來通知已圓滿完成，那名女兒便對所有人宣布：「各位，爸爸已經烤好了。」

這個世界是不是很好玩？大家老是在煩惱「老了該怎麼辦」、「死了該怎麼辦」，比起在腦中糾結的世界，現實可是遠遠大於此，是意外的連續。我想要的不是快樂，而是覺得有趣。快樂是客觀的，要投入其中才會感到有趣。人生在世，若不覺得有趣，就很難走下去。

Kirin's Will

018

在我的心中，沒有用來抱怨的字眼。

於藝術家箭內道彥的專訪中所答。

——二〇一三年四月

在我的心中，沒有用來抱怨的字眼。嘴上說著「如果這樣就好了」、「如果那樣就好了」……會遇到這些事，都是因為自己是這麼想。

不要抱怨啊，如果窮到沒飯吃，也是因為自己一直想著「窮到沒飯吃怎麼辦」而造成的吧。

Kirin's Will

019

對於那已超出自己判斷的存在，
我不抗拒、不沉湎耽溺，
只希望能更自然地存在於我心。
因為，我自己也不是多麼強大或懦弱或偉大或
無用的人。

在雜誌連載中，提到關於神或宗教的想法。
——一九七七年九月

我是信佛的，所以不算是無神論者，但也不會去拜釋迦、日蓮、親鸞、空海、道元等佛法大師。他們都是活出令人動容的生命，堅毅而坦然地死去，修練至如神之心崇高的人，這讓人感動，且懷抱著無以計量的敬意。對我來說，神是有如光一般的存在。然而大家都會用「神明降下懲罰」來嚇人，我是很常感到驚嚇沒錯，但嚇到我的是神明是這麼小心眼嗎？神明才沒有這種信了祂便保祐、不信祂就懲罰你，簡直像塞紅包走後門的做法吧。

光會灑在所有承受生命的肉身之上，只是接受光的我們，有時會因濃霧瀰漫或朗朗天晴而覺得那光時暗時亮。科學不斷在進步，也許有一天可以探究如何反射出心中所思的光，但目前為止，對於那已超出自己判斷的存在，我不抗拒、不沉湎耽溺，只希望能更自然地存在於我心。因為，我自己也不是多麼強大或懦弱或偉大或無用的人。

Kirin's Will

020

我的出發點是婆娑羅（打破常識或道德規範的行為，佛教用語）或是游擊戰。

於報紙連載的訪談。回首前半生，談到自身的出發點時所言。

——二〇〇五年七月

我沒有什麼代表作，也許這輩子結束也不會有。我的出發點是婆娑羅（打破常識或道德規範的行為，佛教用語）或是游擊戰。

不過，說游擊戰是出發點好像不適合，畢竟已經不是可以和人拚命的年紀了。也許到最後結束時還是心有不甘吧，不過這也就是人生啊。

Kirin's Will

021

咦？你說有人因為我說的話而得到了救贖？
這已經是依存症了啊，拜託自己想想吧。

在以「衰老」與「死亡」為主題的雜誌訪談中，提到如何接受「死亡」一事。

——二〇一七年五月

有好多的採訪提案都想找我談談「衰老」、「死亡」什麼的，多到我都感到困擾了，因為我沒什麼值得說的事啊。問我「對於死的想法」，我又沒死過怎會知道呢？接受一個（訪談），後面就沒完沒了了吧，所以我就全都拒絕了。唯有電影宣傳時沒辦法，只好面對。

我這樣接受訪問有啥好處？對你有好處我倒是明白。咦？你說有人因為我說的話而得到了救贖？這已經是依存症了啊，拜託自己想想吧。

Kirin's Will

022

似乎以為只要出來道歉，就能甩開麻煩，他們的逃避手法也太拙劣了吧（笑）。若要道歉，就得是發自心底的，好好地道歉；不想道歉的話就不要道歉了。

電影《比海還深》上映時，在藝術攝影雜誌與攝影家荒木經惟對談。

——二〇一六年六月

「這下糟了！」人會感到心慌也只有一下子而已，之後為了平息混亂，得依著當下的心境，而非只是順著應有的形式，採取行動。所以每次爆出醜聞時，大家不都在電視上拚命低頭道歉？看到這一幕，我都覺得「即使頭壓得再低，觀眾也絕對不會原諒，然而本人明知道，卻還是這麼做啊」。

如果是我的話才不來這套。特別是那些屬於公司的人，似乎以為只要出來道歉，就能甩開麻煩，他們的逃避手法也太拙劣了吧（笑）。若要道歉，就得是發自心底的，好好地道歉；不想道歉的話就不要道歉了。與其道歉，好好說明到讓人可以接受不是比較好嗎？「因為這樣，導致不幸的事情發生」之類的。我常邊看著電視邊這麼想。

Kirin's Will

023

人啊，就是那種即使明天地球就要毀滅了，
今天還是堅持要種下蘋果樹的生物。
我們一起抱著這樣的想法活下去吧。

面對報紙的採訪，被問到「發現乳癌後的生活與心境」時所回答。

——二〇一二年四月

平日是完全不化妝的。一九九〇年，四十七歲時的素顏。©朝日新聞社

Kirin's Will

024

讓別人來評價你是很危險的事。

接受旭日小綬章的記者會上，記者要求給後輩的一句話。

——二〇一四年十一月

讓別人來評價你是很危險的事。得獎時不迷失自我，才會有下一次。

Kirin's Will

025

當我們理所當然地不去思考時，自己就理所當然地不再成長。

與兒童文學作家灰谷健次郎對談，提到私人生活中，自己能做的事都不假他人之手。

——一九八五年九月

一般人只是盡可能將自己放到理所當然的位置上而已。當我們理所當然地不去思考時，自己就理所當然地不再成長，也不會再有所感受了。因此，我也從不教孩子們以理所當然的方式看待事物，大概只是這樣。不過很少人像我如此，所以看到我這樣就覺得很不可思議吧。

Kirin's Will

026

這世上也不是到處都是真實的東西，倒是假的比較常見啊。

在訪談中被問及「何謂好的廣告詞？或所謂好的廣告是什麼？」時所回答。

——二〇一六年十一月

這世上也不是到處都是真實的東西，倒是假的比較常見啊。

「偽」這個字是「人」字旁加個「為」，雖是為了有需要的人拚命去製造，但它的背後藏著各種狀況，比方像是藥物的話，可能會有副作用之類的。所以一想到世界上並不是所有東西都是真實的，而廣告就是得讓商品賣得出去，某種意義上，我們這些拍廣告的也該負起責任。

話是這麼說，可是一直這樣想一點都不有趣。我們只能認為廠商都知道商品的缺點，但好的廣告就是要盡力找出商品的優點，並且好好使用。畢竟消費者原本是絕對不會有好廣告上的這般想像。

Kirin's Will

027

請用有趣的眼光接受所有的事物，
愉快地活著。
不需要太努力，但也別太消極。

在紐約接受採訪時所答。

——二〇一八年七月

想傳達的訊息？竟然問我這個沒剩下多少日子的人有什麼話想說啊。

雖然由我來說有點可笑，但我認為事實都有表裡，不論是遇到多麼不幸的事，我還是認為某個地方會留下一盞燈的。當然，幸福也不會一直連續不斷，當自己走到死巷時，不要只看著沒有出路的地方，可以試著稍微退一步；有了這樣的餘裕，就不會覺得人生那麼一無是處。時至今日，我仍然這麼認為。

請用有趣的眼光接受所有的事物，愉快地活著。說「我們彼此加油」可能太好笑了，但我確實是這麼想著。不需要太努力，但也別太消極。

雜誌訪問時的拍攝，以溫柔的眼神看向攝影機。（二〇一八年）攝影：五十嵐美彌

第二章

病

關於癌症與生病

Kirin's Will

028

若沒有醒悟，豈不是太浪費了？
既然碰到了這種事，
卻只是怨天尤人「怎麼會這樣」，
那可就虧大了。

電影《戀戀銅鑼燒》上映時的訪問，被問及「生病後所悟之事」時所答。

——二〇一五年六月

託生病的福，我醒悟到了好多事情。若沒有醒悟，豈不是太浪費了？既然碰到了這種事，卻只是怨天尤人「怎麼會這樣」，那可就虧大了。對於生病，我是抱著「喔，原來會變這樣啊」的心情去面對。

不過，就算沒特別發現什麼也無所謂。有人是當事情發生在自己身上時，會感到焦慮苦悶；也有人發現時已經進棺材了。我覺得那樣也沒什麼不好，我只是剛好選擇對自己有利的想法而已。

Kirin's Will

029

罹癌之後，我就開始整理了。拍完一部戲之後，就丟掉那部劇本；衣服、餐具也是一天丟一件。減法的生活真是讓人神清氣爽。

在報紙訪問中，談論得了癌症之後的生活。

——二〇一八年八月

罹癌之後，我就開始整理了。拍完一部戲之後，就丟掉那部劇本；衣服、餐具也是一天丟一件。減法的生活真是讓人神清氣爽。

二〇〇五年將右邊乳房全部切除。切掉很簡單，可是要尋找不降低生活品質的治療法，著實費了好大一番工夫。如果要一直反覆住院、出院，直到人生盡頭，這種硬拖著留下來的一條命，不要也罷。

不過我要說，我的方法並不是適合每一個人，不能給別人參考。我決定不吃抗癌藥，但也許別人吃抗癌藥是有效的。我會自己處理後事，但不能讓別人擔心。如果有人問我意見，我會回答：「試著多去理解癌症，多理解自己的身體。」

Kirin's Will

030

生病也是有好處的。
即使得獎，也不會引來嫉妒；
稍微失言，也不會有人責怪你；
漸漸沒力氣吵架了，變得十分謙和。

於報紙連載的訪談，回首前半生時所言。
——二〇一八年五月

後來，由於癌細胞移轉到身體各處，最近每年要去一次鹿兒島的醫院，接受放射線治療。一天僅照射十分鐘，不過得天天照射，持續一個月。雖然這也是一個重新檢視人生的好機會，但久了還是會把人的耐性給磨光吧。於是我提議：「醫生，可不可以把我的療程縮短到一個星期？稍微燒焦一點也沒關係啦。」

我可是完全沒有做為抗癌鬥士的心情呢。也看過不少接受抗癌藥治療的人受苦的模樣，然而我的治療法完全不影響生活品質，所以我十分感激。

生病也是有好處的。即使得獎，也不會引來嫉妒；稍微失言，也不會有人責怪你；漸漸沒力氣吵架了，變得十分謙和。我這麼說，恐怕有人要吐槽我「怎麼可能」，但我年輕的時候才不是這樣，以前的我真的很自以為是呢。

Kirin's Will

031

我對任何事都能感到有趣。

在回首前半生的報紙訪談中，被問到右乳房切除手術後的相關治療時所言。

——二〇〇五年七月

我對任何事都能感到有趣，即使對象是疾病。甚至因為覺得與疾病共存是有趣的，而考慮是否要放棄（治療等）。連醫生都表示「我說了你也不會聽吧」，而不管我了。

Kirin's Will

032

我不喊痛，而是說「啊，好舒服」（笑）。
將疼痛視為理所當然，
接受它、與之共同生活，
也可說是別有一番樂趣。

與橋爪功對談，聊到彼此的健康狀況時所言。
——二〇一六年六月

最近，不知是不是放射線治療的後遺症，肩膀僵硬，動輒有如金屬相碰撞般，這時候我不喊痛，而是說「啊，好舒服」（笑）。將疼痛視為理所當然，接受它、與之共同生活，也可說是別有一番樂趣。

由於我罹患著不重也不輕的癌症，讓我可以在各種意義之下有效地利用它。比方說要拒絕某些事情時，只要說句「癌細胞已經惡化了」，對方也只好說「啊，這樣啊」。嗯，不過生病以來，我還是多少變得謙虛一點了啦。

Kirin's Will

033

如果沒有癌症，
我可能就是無趣地活著，然後無趣地死去，
一生不好也不壞地結束吧。

與鎌田實醫生對談，聊到治療癌症的生活時所言。

——二〇一二年二月

如果沒有癌症，我可能就是很無趣地活著，然後無趣地死去，一生不好也不壞地結束吧。癌細胞這東西並不是你切掉就沒事了。世上這麼多人都切過癌細胞，彼此同病相憐，時常會想要握著彼此的手，吐吐苦水說句「好辛苦啊」。

然而不管最後是怎樣的形式，每個人的人生總有到頭的一日。對我來說，我很感謝癌症讓死亡近在眼前。不只是癌症，還有東日本大地震、海嘯、中國高速鐵路事故（指二〇一一年溫州高鐵追撞事故）等等。一般人即使知道世上發生了那樣重大的災難，仍覺得與自己無關。這些事卻讓我確信，我和那些突然失去生命的人們是一樣的。

Kirin's Will

034

我覺得得了癌症而死是最幸福的，
可以死在塌塌米上，也能做好事前準備。
收拾好自己的東西，為身後事做準備，
沒有比這更好的死法了。

電影《神宮希林．我心中的神》上映時的訪問，談到癌症時所言。

——二〇一四年五月

大家本來就知道我有癌症（最早是十年前發現有乳癌），只是很偶然地在紀錄片中看到醫生對我宣告我的癌細胞已擴散到全身了，引起一陣喧騰（笑）。說癌細胞擴散到全身，從字面上看很容易去想像身體裡面到處都布滿了癌細胞吧，但其實也不是那樣的。現在我採用的重點治療法奏效，對身體有影響的大腫瘤已經消失了；小的腫瘤還在，不知何時會變大，總之現在就是過著普通的生活。基本上身體狀況都還不錯，只是一不注意又會冒出來，雖說我昨天晚上才喝掉一瓶紅酒（笑）。

我覺得得了癌症而死是最幸福的，可以死在塌塌米上，也能做好事前準備。收拾好自己的東西，為身後事做準備，沒有比這更好的死法了。內田曾對我說：「你說癌細胞已全身擴散，覺得明天就會死去，可竟然還這麼有精神，四處去露臉，人家會想說你根本就是癌症詐欺吧（笑）。」

Kirin's Will

035

就像人生的一切都是必然，我認為我的癌症也完全是必然的。

與電影《戀戀銅鑼燒》的原著作者多利安助川對談，聊到自身癌症的相關話題。

——二〇一五年六月

就像人生的一切都是必然，我認為我的癌症也完全是必然的。我的祖母也經歷乳癌，所以說不定我的基因裡就有這樣的遺傳。祖母切除癌細胞之後仍相當長壽，且記憶中她也沒有因為辛苦的治療而被折磨得不成人形。那個時代可不像現在醫療這麼發達喔。所以當我知道自己也罹癌時，就想說不必一直去看醫生也還活得下去吧。

二十多歲開始養的科拉特貓，是從劇作家向田邦子那兒分來的。（一九七三年）

第三章

老

——關於年老與成熟

Kirin's Will

036

上了年紀之後，
可以更放鬆地活著不是很好嗎？
不要求太多，
畢竟欲望是無窮無盡的。

在接受雜誌訪問時，被問到「如何面對年紀漸長？」時所回答。

——二〇〇八年六月

年紀大了，精力會降低，會生病，說起來全都是不好的事情，但我認為這些都是神的恩惠、禮物。因為看得到終點了，便有了安心感。上了年紀之後，可以更放鬆地活著不是很好嗎？不要求太多，畢竟欲望是無窮無盡的。雖然不是十分滿意，但符合自身狀態的程度也就可以了，這就是人生啊。

過去曾經讓我狂熱的房地產，現今也不怎麼感興趣了。就好的方面來說，是漸漸失去名利之心了吧。

Kirin's Will

037

變老絕對是一件有趣的事。
年輕時覺得理所當然的事情漸漸辦不到了，
但我並不認為這樣是不幸的，
反而覺得有趣呢。

與演員別所哲也對談，聊到衰老與癌症治療相關的話題時所言。

——二〇一四年十月

變老絕對是一件有趣的事。年輕時覺得理所當然的事情漸漸辦不到了，但我並不認為這樣是不幸的，反而覺得有趣呢。衰老是必定會來的，且沒有什麼可以阻止，就如同我們也漸漸朝死亡走去一般。

我現在沒有經紀人，也沒有造型師，今天仍是自己一個人來到這裡。工作的安排管理就靠一台電話答錄機幫忙，若是到了我沒辦法自己處理的時候，就退休不做了。沒錯，我已想好人生最後的台詞：「今世，我就到這兒，先走一步了。」這句話很不錯吧。

Kirin's Will

038

接受不方便，
將自己放進那個框架之中，
變老就是這麼一回事。

電影《戀戀銅鑼燒》上映時的訪問，提到減少物質的生活時所言。

——二〇一五年五月

日常生活是愈簡單愈好，因此，我很徹底執行減少用品、不浪費的生活，第一步就是不買東西。舉例來說，我家只有浴室裡有一塊肥皂，沒有「廚房洗手台也放一塊」這種事。要出遠門的時候就把這塊肥皂也帶著，飯店的備品也不會拿回家。衣物盡是些可隨意穿搭的款式。襪子是三年前買的，兩雙一束綁著賣的那種，襪口已有點鬆，現在還是在穿。內衣也是不夠貼身，大致有穿就好。寬寬鬆鬆的最舒適，很像是用布包著的穿法。

上了年紀之後，光是眼鏡就有好幾支，為了減少像這樣同一物件不同功能需要好幾款的事情一再發生，我盡可能地捨棄用品，總之就是要削減身外之物。於是拚命想著有哪個跟哪個可以兼用，想到的那一刻真的是最幸福的時候（笑）。你問我這樣會不方便嗎？當然會囉。但接受不方便，將自己放進那個框架之中，變老就是這麼一回事。

Kirin's Will

039

我一直在想著有沒有一種原則，
一旦想清楚之後，照著這個原則去做，
像我這種資質的女人，也可以老得很美麗。
雖然我也不知道自己以後會變得怎麼樣，
但這個原則的重點就是徹底奉獻。

與和服店老鋪「紬屋吉平」的第六代傳人浦澤月子女士對談，談到關於「愈老愈美麗」這件事時所言。
——一九八〇年十一月

我現在已大約知道，我以後變老人之時所要採取的原則。前一陣子我一直在想著有沒有一種原則，一旦想清楚之後，照著這個原則去做，像我這種資質的女人，也可以老得很美麗。

雖然我也不知道自己以後會變得怎麼樣，但這個原則的重點就是徹底奉獻，像條被用到不能再用的破抹布般地奉獻再奉獻。以我自己來說，我想要將自己完完全全奉獻給我的孩子、父母、先生，完成的當下死去也無所謂，我想過這樣的人生。

Kirin's Will

040

想到身為一個人，該如何走下人生舞台，總感覺自己「仍不夠成熟，可也要結束了呢」。

紀錄片中，重新觀看貼身採訪自己的影像時所言。

——二〇一八年九月

嗯，就算只是讓人一直跟拍著，看來也還滿有趣的，不是個不值得一顧的人呢。

我只是自然之下順勢成了一名演員，也經歷過很多事，可是想到身為一個人，該如何走下人生舞台，總感覺自己「仍不夠成熟，可也要結束了呢」。所以，就算我不知道人生這部片會在哪裡結尾，最終無可避免的，還是要藉由演員這個角色來捕捉我的形象，然而身為一個人，我好像也只能用這種方法來向大家告別了。這樣不也很好嗎？從結論來說，本來就是每個人都不一樣啊。

不過在人生途中，我也曾有過「啊，我好像就要在此謝幕了呢，這樣也不錯」的想法。

Kirin's Will

041

生命的品質變差，
壽命變長也沒有意義了啊。

與電影《戀戀銅鑼燒》原作者多利安助川對談，聊到生命的長度與品質時所言。

——二〇一五年六月

現代醫療發達，人的生命也跟著延長了，但是生命的品質變差，壽命變長也沒有意義了啊。以前我都希望重要的人能活得長久，所以每當他們有事發生時，我就會十分慌亂，打從心底害怕。不過，現在就算站在我旁邊的人突然倒下去、過世了，我只會覺得「啊，他的時間到了」。心無顧慮，這也是一種成熟吧。

可我身為一名女演員好像不是很成熟（笑）。女演員應該是適合那種露胸、華麗的衣服，還得不怕冷，不過我從年輕時就不是這樣呢，真是遺憾，也許只有這件事是我該做而沒做到的吧（笑）。

Kirin's Will

042

包括負面的事在內，
一切都會成為自己的養分。

在電視節目的談話中，說起關於演藝生涯的話題。
——二〇一五年十一月

我已經到了要開始走下坡，漏洞百出的年紀了呢。這五十五年做個演員一路走來，當然也有些不好的事發生，但負面的事絕對不只是負面的，包括負面的事在內，一切都會成為自己的養分。

Kirin's Will

043

對於現在這種活到百歲的風潮，
我不是很認同。
總忍不住會想，
這樣的自己會快樂嗎？

電影《戀戀銅鑼燒》上映時的訪問，談到養生的方法時所言。

——二〇一五年五月

人大約到了五十多歲的時候，便會對人生的下一步感到猶疑吧。要維持和年輕時一樣很難，可是說要如何不變老，我又覺得不太對勁。順著年紀而活的方法也只能靠自己去摸索。對於現在這種活到百歲的風潮，我不是很認同。總忍不住會想，這樣的自己會快樂嗎？

以前我曾看過一個電視節目，說有老人家因為怕吵而反對附近的公園蓋托兒所。令我很訝異的是，他們聽到小孩子的聲音並不感到開心，而是覺得吵？這樣的老人一定還精力十足，並且站在自己的角度來看這個世界吧。雖然老人家有精神是件好事，但他們身為一個大人，可說是不成熟的。日本何時變成一個聽到孩子的聲音不覺得快樂的國家了？真令人惋惜啊。

044

曾有人說過「希林女士就是很普通地變老了」，
我認為那是一種讚美之詞。

在以「變老可怕嗎？」為主題的雜誌採訪中所答。
——二〇一七年五月

現在來找我演老太婆的案子非常多，因為和我同年代的女星們都不想接，會說「我來演還太早吧」。實際上，她們真的都很漂亮，就算演四十多歲的角色都不為過。電影導演西川美和曾說過「希林女士就是很普通地變老了」，我認為那是一種讚美之詞。

Kirin's Will

045

我是後期高齡者，真的好喜歡這個說法啊。

在電視節目的談話中，聊到「從二十多歲就接演老太婆的角色，如今自己的年齡已經追上了」的話題時所言。

——二〇一八年五月

我是後期高齡者（專指七十五歲以上的長者），真的好喜歡這個說法啊。進到這個階段之後，便別無所求了。又不是水戶黃門，出門不必帶著阿助、阿格吧。（「水戶黃門」指江戶時代水戶藩第二代藩主德川光國，曾任黃門官，故人稱水戶黃門。傳說中他曾帶著隨扈阿助與阿格微服周遊各地，行俠仗義。）

Kirin's Will

046

我發現，以前的老人家都長得好好看啊。

於藝術家箭內道彥的專訪中所答。

——二〇一三年四月

我發現，以前的老人家都長得好好看啊。可是現代的人上了年紀之後，說的都是「抗老」這件奇妙的事情。像是拉皮、植入某些東西、怎麼弄頭髮之類的，想盡方法做到「看起來不像是實際年齡」，連男性都是這樣呢。這種風潮的結果就是，無趣的老人愈來愈多了。我希望自己不要那樣活。還有，也不是特別盼望，只要可以稍稍地變成長得好看的老人就行了。

Kirin's Will

047

過了六十歲
就該要有過了六十歲的樣子，
應該要呈現出一種，
順應自然的人之美。

與演員宇津井健對談，被問到「演過這麼多角色，應該也有好玩的事吧？」時所答。

——二〇〇六年十二月

一點都不好玩（笑）。後來不能光是躺著，得吊在半空中，生氣還得跌倒，被整得很慘。那時演老人說不上是做好什麼心理準備，但不知不覺就這麼一路演下來了（笑）。到現在這個路線還持續著，工作一直找上門，但我覺得不該這樣下去，過了六十歲就該要有過了六十歲的樣子，應該要呈現出一種，順應自然的人之美。我希望可以朝著那個方向慢慢變老，這是我的真實感想。

說著「人生哪，當然不會盡如人意啊」的雜誌專訪照片。（二〇一六年）
©《PHP Special》二〇一六年六月號／攝影：大鶴円（昭和基地¥50公司）

第四章

人

——關於人與世間

Kirin's Will

048

我沒什麼特別想做但還沒做的事。好吧，若真要說的話，可多得說不完，人啊，就是這樣。

某次參加以抗癌為主題的談話節目，被問到「意識到人生已到尾聲，是否還會發現『這是我想做沒做的事』？」時所答。

——二〇一六年二月

比方說，有時為了電影宣傳，他們會告訴我可以這樣說、那樣說，或是會問：「有沒有什麼想做還沒做的事？」

不過，我沒什麼特別想做但還沒做的事。

好吧，若真要說的話，可多得說不完，人啊，就是這樣。所以從這方面來看，我還真是個「悠哉的」癌症患者呢。

Kirin's Will

049

變成了現在這樣的自己，不也是很有趣？

朝日新聞旗下網路媒體《Withnews》的企畫。暑假將至，請樹木希林寫給對活下去感到痛苦的年輕人的一句話。

——二〇一八年七月

我以前讀過一本書，大意是說，
自殺的靈魂比生前痛苦。
我不清楚是否真是這樣，
但仍相信是如此。

我是個懦弱的人，
所以放棄結束自己的生命而一路活了下來，
變成了現在這樣的自己，
不也是很有趣？

KIKI KILIN 七十五歲

Kirin's Will

050

在這個世界上，只有老太婆是唯一會挺身革命的人種。

與漫畫家吉元男爵的對談，聊到自己在《寺內貫太郎一家》中飾演主角媽媽——阿金一角的事。

——一九七四年九月

小時候看到三十歲的人，不是常常會想說，啊，我到了那個年紀，應該也能明白事理了吧。然而當自己三十歲時，還是會有和孩提時期一樣的感覺呢，這個也想要，那個也想要，羨慕別人的好，一切都沒啥長進。所以當我在飾演七十歲上下的老人時，就想著絕對不可以認為「老太婆應該怎樣怎樣」地去演出。我想，就照自己現在的年齡、自己的喜好去演就可以了。

而飾演寺內金這個角色，讓我深切地感覺到，在這個世界上，只有老太婆是唯一會挺身革命的人種。男人說到底還是要有那些社會上的名譽、榮耀之類的，才活得下去；女人本能上就有種為了活下去，可以不顧一切的生命力。所以老太婆和蟑螂一樣，都是世界上最強的生物。男人有的頂多只是想去革命的浪漫情懷而已。

051

不管哪一對夫妻，都是有緣才能結合，
這意味著自己也包含著對方不好的部分。
只要能明白這一點，
大概就能想通結婚是怎麼一回事了吧。

電影《戀戀銅鑼燒》上映時的對談，提到關於「夫妻」的想法。

——二〇一五年七月

我在二十多歲時，曾經覺得對人生感到厭煩，覺得「天哪！今後竟然還得要再活好幾十年？」就在那段期間我遇到了個性怎樣都不可能契合的丈夫（搖滾歌手內田裕也），他的存在成了我留在世上的定錨。如果沒有這樣的丈夫，我這個人可能會變得散漫、放縱，或是消沉、不振，現在不知會是怎樣呢。因為有這樣的先生，我連感到人生厭煩的空閒都沒有。有他這樣胡鬧，我還滿感謝的。就算從旁人眼光看來是非常麻煩的意外，但對我來說這一切都是必要的。說不定他才覺得我造成他的麻煩呢（笑）。

不管哪一對夫妻，都是有緣才能結合，這意味著自己也包含著對方不好的部分。只要能明白這一點，大概就能想通結婚是怎麼一回事了吧。常常看到別人在講自己先生或太太的壞話，我總是在心中想著：「其實這些都是在說自己吧。」（笑）

Kirin's Will

052

人與人交往之後，所有的缺點都會被看見吧。

擔任電視節目來賓，觀眾提問「丈夫實在討厭，該怎麼辦才好？」時所回答。

——二〇一八年五月

人與人交往之後，所有的缺點都會被看見吧。一般來說都會覺得，哎呀，我怎麼會和這種人在一起啊，然後嫌棄得不得了。對方也一樣這麼想，所以呢，把目光轉移到別的目標上，應該就會好了吧？

就像我們一直盯著孩子，孩子會感到很累一樣，我們應該把目光轉往其他地方，比方說找找這個世界上有沒有什麼是你們夫婦可以一起參與的事，只是之後會怎麼樣我也不知道。（中略）

有缺點本來就是一定的啊，你說討厭丈夫，人家也一樣討厭你呢（笑）。

Kirin's Will

053

有很多年輕人築起高牆，將自己關在裡面。
明明可以自由地活著，
卻要讓自己活得很辛苦，真是奢侈呢。
牆壁本來是不存在的啊。

電影《戀戀銅鑼燒》上映時的訪問，對照電影中的年輕人與現代年輕人的情況。

——二〇一五年六月

有很多年輕人築起高牆，將自己關在裡面。明明可以自由地活著，卻要讓自己活得很辛苦，真是奢侈呢。牆壁本來是不存在的啊。若能將這傳達給他們，我演出這個角色就有意義了吧。

Kirin's Will

054

回頭來看，助長偏見、增強那股潮流的不就是我們嗎？我們在意周遭人們的目光與耳語，而那些目光與耳語，正是一個又一個的「我」造成的。所以，有時我們有必要懷疑一下自己，想想自己做的事情是否正確。

因在電影《戀戀銅鑼燒》飾演曾經是痲瘋病患者的角色，在以日本的痲瘋病隔離政策為題的報紙專訪中，談到自身的意見。

——二〇一六年六月

一九三〇年代，國家為了要根絕痲瘋病，推動了「無癩縣運動」，強制將痲瘋病患者關進療養院，甚至還獎勵民眾舉報。當時，一般人為了保護自己，而犧牲了他們。我並不想要指責誰，只是現在回頭來看，助長偏見、增強那股潮流的不就是我們嗎？我們在意周遭人們的目光與耳語，而那些目光與耳語，正是一個又一個的「我」造成的。所以，有時我們有必要懷疑一下自己，想想自己做的事情是否正確。

現在，假設有股很強的風潮試圖要排擠某些人，應該讓這些人說說他們的不滿。他們一定很痛苦吧，因為沒有人願意聽他們的心聲。我認為我們應該要看見自己的軟弱，就算只是認清這點，也不會是白費力氣。可能是因為我們進入一個讓人愈來愈難以喘息的時代，我才更加地這麼想吧。

Kirin's Will

055

我喜歡狠狠跌過一跤的人。

女兒內田也哉子結婚時，接受訪問所言。

——一九九五年七月

我喜歡狠狠跌過一跤的人。

比方說，曾經捲入某個事件中，這麼說來好像有點怪，就是某種程度上見過人生最糟狀況的人，這種人最清楚痛是什麼。所以可以和他聊很多話題，也能看看他今後會有什麼變化。

Kirin's Will

056

若要做自己想做的事，我想首先得跳脫出來，從高處俯瞰自己，理解自己的性格，認清自己是怎樣的人，然後做好一切的準備。

與搞笑團體 Piece 之一的又吉直樹對談，聽聞又吉談到過去很長一段時間住處沒有浴室時所言。

——二〇一五年七月

因為我的個性這麼糟，大概遲早會把人脈全都得罪光，最後只能回家吃自己，所以才會當起房東，這樣至少不會弄到沒飯吃吧。也不至淪落到沒有任何人願意出手相助，像是芥川龍之介的《蜘蛛之絲》裡說的那種情況吧。

若要做自己想做的事，我想首先得跳脫出來，從高處俯瞰自己，理解自己的性格，認清自己是怎樣的人，然後做好一切的準備。對於活著，我比你有更多的執著，所以不能沒有浴室（笑）。

Kirin's Will

057

放低身段去與對方相處，意外地還滿有用的呢。

與吉卜力工作室的鈴木敏夫對談，提到「道歉」一事時，舉出自身的經驗。

——二〇一五年八月

我時常在想，像我這麼沒原則的人，竟然沒辦法馬上就向人道歉，明明沒有什麼原則。

不過，偶爾還是會想要放低身段。放低身段去與對方相處，意外地還滿有用的呢。和我先生就是這樣。

Kirin's Will

058

能化憤怒為悲願的日本人，讓我覺得感動。

在紀錄片中拜訪石卷市裡曾遭海嘯襲擊的一座神社，並談到詩歌創作者岡野弘彥為震災寫下的和歌時所言。

——二〇一三年十一月

岡野先生的歌中，詠頌了日本人總是能化憤怒為悲願，不是讓胸中的怒氣隨意發散，而是化為悲願，這樣的日本人，讓我覺得感動。我也是人，能理解那種即使身上肩負著許多艱難，但還是想要跨越這一切而活下去的心境。可以說是對生命的熱愛吧，實在很動人，這點讓我的心頭一緊。這神社本身這麼小，真的，真的就是這麼小小一座，卻能讓人如此心安、感到沉靜。

用簡單的一句話來說，我覺得人真是了不起呢。

Kirin's Will

059

有時你從一旁看來覺得好像很不錯的事，意外地對當事者來說卻是痛苦萬分，因為每個人的立場與狀況是不同的。

於藝術家箭內道彥的專訪中所答。

——二〇一三年四月

東京下雪時，大家不是很開心嗎？可是要不了多久，交通就大打結了。人對事物的思考不也是這樣？有時你從一旁看來覺得好像很不錯的事，意外地對當事者來說卻是痛苦萬分，因為每個人的立場與狀況是不同的。

不是只有你才覺得寂寞，不是只有你才感到辛苦，你覺得他看來很開朗，但他未必如你想像中幸福。而當你發現自己的感覺好像全都是負面的，這時候要記得不要再一直往負面的方向去想。

Kirin's Will

060

人的存在本身就很滑稽，是既可愛又可悲的。

參與的電視劇《郎有心，姊有意》播映時，接受訪問所說的話。

——一九九八年二月

人的存在本身就很滑稽，是既可愛又可悲的。
現在已到了世代交替的時期，必要時我會退到後方。
今後我想將自己縮小再縮小，並以自己的身體為重。

Kirin's Will

061

就算是沒錢、沒地位、沒名聲，
在旁人看來是不起眼又無聊的人生，
但本人覺得能夠做自己真正喜歡的事，
並感到幸福，那樣的人生就會閃耀著光芒。

電影《比海還深》上映時的訪問，談到自己認為的幸福為何時所言。

——二〇一六年六月

當你發現眼下與自己的目標、理想中的幸福不一樣時，心中就會湧現「不應該是這樣」的情緒。不過那個目標，真的是自己期望的嗎？有沒有可能是別人的價值觀，好比與誰比較之下，感到羨慕而已呢？也許，可以再次試著直視自己的內心，問問自己想要的是什麼。就算是沒錢、沒地位、沒名聲，在旁人看來是不起眼又無聊的人生，但本人覺得能夠做自己真正喜歡的事，並感到幸福，那樣的人生就會閃耀著光芒。

Kirin's Will

062

賺錢的人，只要拿了錢就有責任。

在藝術家箭內道彥的專訪中，提到「錢不是必要的吧」。

——二〇一三年四月

我誤解錢的使用方法了吧，嗯，對。

不過，賺錢的方法就沒什麼好說了。因為有需要跟那個嘛，就是那樣子。而要說人的價值哪裡不同，我想是金錢觀讓每個人的價值不同。賺錢的人，只要拿了錢就有責任。看是用怎樣的方式去盡那責任，造成的結果可能是無聊的人生或老是在抱怨的人生之類的。

如果手上有了錢，就拿去買房子、買車子，將生活過得輕鬆愜意，大致也就不會再改了。

Kirin's Will

063

我不論對什麼東西，
基本上就是要求發揮它的本質。

在雜誌的訪談中提到「發揮本質之美」時所言。

——二〇〇二年八月

我不論對什麼東西，基本上就是要求發揮它的本質。

在蓋我這房子時也是如此對建築師說，就讓石頭是石頭，木材是木材，黃銅是黃銅，玻璃是玻璃，讓各種材質好好發揮它本身的優點就行了。我認為這樣才能讓每種材質呈現出它本身的美。對人來說也是一樣的。

Kirin's Will

064

只要自己還存在，總有一天也能夠讓他人或這個社會感到稍微興奮雀躍，這樣的機會絕對會來臨的。

刊登於新聞網站《不願上學報》，給暑假結束要邁向新學期的孩子們的話。原是在「思考拒絕上學、不願上學的山口縣全國合宿」演講的內容。

——二〇一五年八月

我小時候是個還滿自閉的孩子，會一直觀察別人。有時沒辦法去上學，遇到這種情況，我父親一定會對我說：「不去學校也沒關係，不如到我身邊來吧，待在我身邊。」所以我想過，如果我的孩子也是這樣的話，我也要學我父親這樣對她說。

然後，我雖然沒去學校，但也不是什麼事都沒做。一個人無論如何都有他的「功課」要做，不論那是多無聊的事。當有人對你說「辛苦了」，大人聽了會很高興，小孩子聽了也會特別有幹勁。

不過，我認為「一直不願意去上學」的孩子心裡一定抱著很大的痛苦。我先生有一天告訴我：「你知道嗎？叛逆是很辛苦的，那要耗費多大的精神啊，要一直叛逆更是痛苦。」

不願去上學在某些方面，不也是如此嗎？不過就算沒辦法到學校去，只要自己還存在，總有一天也能夠讓他人或這個社會感到稍微興奮雀躍，這樣的機會絕對會來臨的。

Kirin's Will

065

所謂的戰爭，是與自己身旁的人們打仗。

在紀錄片中走訪沖繩邊野古基地預定地時，提到對於戰爭的看法。

——二〇一五年八月

我覺得說到戰爭，若想的是國與國之間的交戰，人們是無感的，若想成是與自己身旁的人們打仗，一切就有感覺了。那是自己與身旁的人的戰爭——當國家朝著與他國兵戎相見的方向前進，你明明持反對意見，卻無法說服身旁的人，甚至反被說服時，彼此產生的衝突。與其訴諸與其他國家之間的問題，或戰爭發生後必伴隨而來的悲慘，不如說是與身旁的人打仗。這是我的結論。

不要弄混想要活下去與非得活下去的感覺。所謂的其他國家，不是針對中國、南韓、北韓、美國。這是我對戰爭的看法，回到問題核心的思考所答。

Kirin's Will

066

因為人都是自私的。

在藝術家箭內道彥的專訪中，談論到「我是個非常俗氣的人」。

——二〇〇七年八月

因為人都是自私的。人怎麼可能清心無欲呢？
只是到了這個歲數，什麼都捨棄了。吃少少的東西就飽，衣服也不用多，這些欲望全都變少了，更不再爭些什麼，明明年輕時總想成為擁有一切的人呢。但也是因為有各種欲望，才能創造出各種事物。

在家的一個人晚餐，照片前方是為丈夫內田裕也準備的餐點。（一九七四年）©朝日新聞社

第五章

絆

——關於夫妻

067

我不曾聽阿裕說過誰的不是。大概因為他是那種「我是我，你是你，愛怎樣是你家的事」的人吧，所以他不會說別人的壞話。我喜歡他這一點，覺得男人就該這樣啊。

閃電結婚後沒多久，夫妻倆接受雜誌訪問時所言。

——一九七三年十月

我本來打算不要再結婚的，不過想要小孩，可也不是和誰都可以。見到阿裕，我雖然不明白搖滾樂是在幹嘛的，但可感覺到他是以搖滾做為一種生活方式，將生命賭在搖滾這條路上。我想像著這人將來就算變成滿頭白髮的老人，即使與年輕人有若干不同，但也一定還是這麼搖滾。這種生活方式不是很棒嗎？像我也是，我想一輩子就當個演員，不管這樣算是傻還是笨。

還有啊，我不曾聽阿裕說過誰的不是。大概因為他是那種「我是我，你是你，愛怎樣是你家的事」的人吧，所以他不會說別人的壞話。我喜歡他這一點，覺得男人就該這樣啊。我想和他生孩子的心情愈來愈強烈，當阿裕對著我說出：「你要不要嫁給我？」的時候……。一開始我還以為他是在開玩笑的呢，嘿嘿嘿。

Kirin's Will

068

對他那種輕率、
不會去想什麼責任不責任的人來說，
能夠提出這種申請，已經是一大進步了。

內田裕也提出離婚申請，樹木希林接受雜誌訪問時所言。
——一九八一年四月

很感謝他為我製造了這樣的情況。

對他那種輕率、不會去想什麼責任不責任的人來說，能夠提出這種申請，已經是一大進步了。我認為他是想強調自己的價值觀、生存方式等等，才會這麼做。從這點來看，我覺得是件好事。

Kirin's Will

069

我認為那些身為女人理當該做的事，
不做也不會死。
唯有讓彼此去過應該有的生活，
才是玩搖滾的人該做的事，
才是一個演員該做的事。

內田裕也單方面提出離婚申請後，樹木希林在接受雜誌採訪時，談到該事件引起的騷動時所言。

——一九八一年四月

那時候的情況不太好，剛開始的那三年間明明是住在一起，卻沒有兩人結婚、一同生活的感覺。反倒是分居之後才在意彼此，我在雜誌上看到他的照片，會有一種「啊，這是我先生呢」的依戀感。他也是，把我散落各地刊登的文章一字不漏地全部讀過，還打電話和我說：「你這傢伙，還會為那種事情開罵喔？你的個性一點都沒改變啊。」對我的這些情況無法放心，也真是辛苦他了。

不過，這不是他為了復合而耍的手段，他不是那種人，我也相信他當初提離婚是真心的。所以不管他再怎麼累，我還是一樣輕鬆快活。對女人而言，沒有需要伺候的人就是無事一身輕。一路至今我始終這麼散漫、自得其樂，這些都算是我的缺點。然而，我認為那些身為女人理當該做的事，不做也不會死。唯有讓彼此去過應該有的生活，才是玩搖滾的人該做的事，才是一個演員該做的事。今後為了讓我們都能踏實地活著，我真心希望他不要回來我身邊。

Kirin's Will

070

在我還不清楚自己到底是喜歡他還是討厭他之時就分手，豈不是太不負責任了？

內田裕也提出離婚申請，樹木希林接受雜誌訪問時所言。
——一九八一年四月

我先生擁有美麗的靈魂，是非常了不起的。至今雖然沒有感受到夫妻間的愛情，但只要能再一起生活，應該就能明白彼此的愛。

明明結婚時也沒有多認真，有什麼好提離婚的？只是浪費日子，給人添麻煩而已。在我還不清楚自己到底是喜歡他還是討厭他之時就分手，豈不是太不負責任了？

Kirin's Will

071

我可以感覺到自己與內田是看向同一個方向。我們共同擁有一種反叛份子式的、想破壞一切的衝動，彼此像是同志。

在報紙連載的訪問中，談到內田裕也時所言。

——二〇〇五年七月

我可以感覺到自己與內田是看向同一個方向。我們共同擁有一種反叛份子式的、想破壞一切的衝動，彼此像是同志。雖然我們可能是朝著什麼奇怪、不可思議的方向前進，但就是不覺得膩。

（中略）生活中的瑣碎部分和愛情是不同的東西，即使一同做些瑣碎的事，也未必能感覺是「看向同一個方向」吧。

Kirin's Will

072

知道自己不對的地方，道個歉之後，其實也沒啥大不了，我先生本質上是個溫柔的人。

與演員宇津井健對談，提到自己罹癌後，整理了面對內田裕也的心情。

——二〇〇六年十二月

知道自己不對的地方，道個歉之後，其實也沒啥大不了，我先生本質上是個溫柔的人。他本來人就不錯，只是無法適應社會生活，有時會比較暴力。但若不是他，我不會對自己的人生感到有趣。他也是我的著陸點，今後不知還能再活幾年，不過因為我的道歉，可以讓事情有這麼大的轉變，我覺得是很大的收穫。

Kirin's Will

073

既然都結婚了，就只能接受。
至今我仍能在我先生身上
看到一絲的純粹。

內田裕也因涉嫌妨礙他人自由而遭到逮捕後，樹木希林面對大批記者，吐露了心境。

——二〇一一年五月

認識五十多天即閃婚，樹木希林是再婚。（一九七三年）© Kodansha / Aflo

Kirin's Will

074

為了來生不要再相遇，
現在可得要好好地在一起（笑）。

電影《神宮希林．我心中的神》上映時的訪問，談到與內田裕也的結婚生活。

——二〇一四年五月

內田對我而言，與其說是愛，不如說是必要的存在。只是我很清楚，他覺得我很麻煩。我現在若對他說：「謝謝你啊，辛苦你了。」他肯定會回：「什麼啊！」（笑）為了來生不要再相遇，現在可得要好好地在一起（笑）。

Kirin's Will

075

唉，我真是敗給搖滾了！

在電視的訪問中，談到內田裕也時所言。

——二〇一四年六月

前些時候，我先生對我說：「你啊，要把印鑑好好放在固定的地方才不會找不到。」我回他：「幹嘛管我的印鑑，想把我的錢領走嗎？」他說：「我有資格分一半吧。」我便回：「哼，我就啥都分不到。」他又說：「我有錢的話就分你啊，問題是沒有！」我接著：「說得也是，你就把我的都拿去吧。」他竟說：「夫妻本來就是要互相幫忙的嘛。」（笑）

唉，我真是敗給搖滾了！

Kirin's Will

076

和某個人相伴而生，
是人邁向成熟的必要條件。

與演員別所哲也對談，被問到「是否認為沒有別的男性可以超越內田先生了呢？」時所答。

——二〇一四年十月

是啊，我的緣分就在這兒。我認為，和某個人相伴而生，是人邁向成熟的必要條件。在這層意義上，我會和內田在一起是某種算計，為了讓自己更加成熟的打算。

Kirin's Will

077

過去有段期間內田很亂來，而我在外界眼中是很正常的模樣，但其實我的人生本來也可能不知道會亂飛到什麼地方呢，所以他的存在成了我最好的重石。

在報紙連載的訪談中，回首前半生，談到與內田裕也的分居生活時所言。

——二〇一五年五月

即使有了孩子，可是無法繼續和丈夫　起生活，那就只能分開住，到今天已大約四十年了。

我忙自己的事就已經忙不過來了，其他事無力去管；他就像四處洄游的魚，這也是他為何會玩搖滾的原因。即使如此，一定是對我們彼此都有好處，才能這樣走過來。

如果內田工作有收入的話，都是他自己的，稅金、保險費什麼的就算在我份上。大概就是問我：「就這樣好嗎？」我說：「好，可以。」就這麼決定了。因為我根本沒考慮到稅金這些事。

重點是，他對我來說是很重要的重石。最近大家都已明白我有很難搞的地方，畢竟過去有段期間內田很亂來，而我在外界眼中是很正常的模樣，但其實我的人生本來也可能不知道會亂飛到什麼地方呢，所以他的存在成了我最好的重石。他給我多少的安定，就讓我以支付稅金來抵吧（笑）。

Kirin's Will

078

我對內田是心懷感激的。和他在一起，意外地發現自己並不特別怪異，心情因而可以變得很輕鬆，所以實際上被拯救的人是我才對。

電影《戀戀銅鑼燒》上映時的訪問，談到與內田裕也的生活相關話題時所言。

——二〇一五年六月

那時他家暴很嚴重，但我也以同樣的方式還以顏色，所以搞得一團亂。附近的五金行老闆就問過我：「你們家為何老是來買菜刀？」（笑）

世人都以為我是家暴的受害者，其實我對內田是心懷感激的。年輕時的我，心中懷抱著如岩漿般暴烈的情感與自我，不斷詰問自己「這種狀態下該如何活下去？」，就是在這個時候，我遇到了內心更為激烈的內田。和他在一起，意外地發現自己並不特別怪異，心情因而可以變得很輕鬆，所以實際上被拯救的人是我才對。

即使如此，年輕的那段時間真的很辛苦。不過隨著時間過去，我們年紀漸長，就不再那樣暴衝，也抓到了剛剛好的距離。雖然到達這步之前，似乎花費了太長的時間（笑）。

Kirin's Will

079

沒必要勉強自己、接受不好的回憶，只為了執著於結婚這個形式。

電影《比海還深》上映時的訪問，談到結婚一事時所言。

——二〇一六年六月

只要結婚就一定有辛苦的地方，也一定會有不好的回憶。免不了得深深踏進夫妻或親子這樣的人際關係之中，有一段時期，我認為這是人要成熟必要的條件。但是今天我會覺得不用那麼勉強也可以啊。過去我認為若要住在一起，就把結婚手續辦一辦吧。因為若只是同居，萬一分手了，什麼討厭的事物全都會一併逝去，船過水無痕。這種輕鬆，對人生來說是一種虛耗。在這樣半生不熟的關係中來來去去，人也不會成熟。不論是維持婚姻生活還是決定要分手，都必定伴隨著不愉快的事，然而我認為這樣的經驗，只要還活著的一天，就還是很重要的。

不過最近我開始覺得，就算不結婚，只要能找到其他的方式可以幫助自己成熟就可以了。我生病後才知道人生並沒有那麼長，所以沒必要勉強自己、接受不好的回憶，只為了執著於結婚這個形式。當然，有情人相伴還是好的。

Kirin's Will

080

到另一個世界還要住在一起？
對呀，反正也只剩下骨頭而已了，
也不會說話，更不會生氣。

在報紙的連載訪問中提到內田裕也時所言。
——二〇一八年五月

我死了之後也會葬在內田家的墓裡，畢竟那是我買的墓地啊。到另一個世界還要住在一起？對呀，反正也只剩下骨頭而已了，也不會說話，更不會生氣。我們彼此都覺得對方會先走，但女兒卻說：「可以的話，希望老爸先去，因為我不知道怎麼和他相處。」

託大家的福，我這個女兒，可以長成這麼正常思考嚴肅之事的人。以前常與我一起演久世光彥電視劇的由利徹先生就一副不可置信地說過：「她是你和裕也的孩子嗎？你們竟然會生出這麼棒的孩子。」不過孫子就難說了，有一個已經和內田很像了（笑）。

於自家的玄關處，二樓則是住著女兒也哉子與女婿本木雅弘一家人。（二〇一五年）©《週刊現代》（講談社）／攝影：菊池修

第六章

家

——關於家人與養育子女

Kirin's Will

081

家人之間，
並沒有「非得如此」的規則。

在雜誌的名人連載專欄中，提及電影《小偷家族》劇裡的家人與自身家庭相關的內容。

——二〇一八年七月

這次的《小偷家族》是在講述以超出血緣關係的羈絆來維繫「一家人」的故事。家人之間，並沒有「非得如此」的規則。像我和內田，雖說結婚四十五年，其間分居四十三年，但我還是感謝有他在。我這個人喜歡破滅，從年輕時開始，就有自我毀滅的傾向，所幸有像他那樣一直覺得「不夠、還不夠」的人就在不遠處。我是這麼覺得的。

我並不特別想和家人在一起，但不知不覺中就變成這樣了。與女兒女婿夫婦同住在一棟房子的不同樓層，現在定居於英國與美國的孫子女們也時常來找我。他們來了我會高興，說要走了我也會感到有些寂寞。在家庭這方面，上天算是非常眷顧我的呢。

Kirin's Will

082

對我而言，給家人的愛是一種出自義務或倫理，必須源源不絕注入的情感。

電影《比海還深》上映時的訪問，談到家人相關的話題。

——二〇一六年六月

對我而言，給家人的愛是一種出自義務或倫理，必須源源不絕注入的情感。我不認為自己的心中有那種即使犧牲自己也要守護家人，或是非常非常想念，什麼都阻止不了的深切愛意。畢竟我和我先生在一年之中就算沒見過一次面也不覺得怎樣，仔細想想，我們這樣應該是哪裡有問題吧？我們也絕不是那種就算什麼也不說還是能理解彼此的超凡關係。

我個性不好，常常會很酸地對他說：「你也差不多該回（歸）家（庭）了吧？」聽我這樣講，他就會回一句：「放了我不行嗎？知道我辦不到吧。」然後這事就會在此打住（笑）。就禮貌上來說，覺得他「都沒想起人家，似乎有點差勁呢」。

Kirin's Will

083

我認為在現實之中可以觸摸到死亡實在很棒。

與兒童文學作家灰谷健次郎對談，聊到自己所定義的「教育」時所言。

——一九八五年九月

我母親及先生的母親過世時，女兒才九歲，一般來說是不會讓小孩子看到往生者的遺體，然而她主動說想看最後一面，我們就讓她看了。掀起蓋在臉上的白布，讓她撫摸。我認為在現實之中可以觸摸到死亡實在很棒。若要我說何謂教育的話，大概就是這樣吧。

Kirin's Will

084

你應該這樣、不可以那樣、這樣做是錯的……感覺在這些規定之中，人就無法長大了。

在電視節目中與同劇演員ＹＯＵ、導演是枝裕和三人對談，聊到與女兒、孫子女們相處的方法。

——二〇〇八年六月

我在養育孩子時，從來沒有特別為了這孩子買過什麼衣服，全都是用舊衣改的。比方說T恤，就是用大人的T恤在肩膀處打個摺，然後用縫紉機縫起來，整件穿起來還是鬆鬆垮垮，於是女兒就自己拿條繩子在身上打個結。我們的生活就是這樣。

還有就是那時代，應該就是粉紅淑女（活躍於一九七〇至八〇年代的雙人少女組）、凱蒂貓非常流行的時候吧，大家都學她們身上要有些裝飾或是設計什麼的，我很不喜歡那些，所以全都是素色、素色、完全的素。粉紅色啦、亮晶晶的東西可從來沒買給女兒過。而現在不時看到她給自己的孩子穿的衣服常常都是粉紅色的，大概是為了彌補小時候的匱乏吧。

所以那些東西對小孩來說也許真的是很可愛，也是她喜歡的東西吧，我好像真的管太多了。你應該這樣、不可以那樣、這樣做是錯的……感覺在這些規定之中，人就無法長大了。

Kirin's Will

085

一個家中，女人不堅強能幹是不行的，
若能做到用「妻管嚴」來形容的話是最剛好的。

在報紙訪問中，談到關於母親的事。

——一九九九年二月

我母親名叫中谷清子，過世已十三個年頭。以前她是個酒鬼，常常喝到爛醉，然後由我父親去接她，將她扛回來。簡單來說就是個離譜的母親。

她到了晚年，比別人多花了三倍時間，終於考取了汽車駕照，第一次開車上路，前方的紅綠燈明明是亮紅燈，她卻突然踩油門加速，聽說差一點兒就要撞上行人了。對方一臉驚恐，母親卻若無其事地開口「真不好意思」、「我看橫向的燈號是綠的嘛」，讓對方目瞪口呆，說不出話來。

然而，母親卻有非常強大的生活能力。一個家中，女人不堅強能幹是不行的，若能做到用「妻管嚴」來形容的話是最剛好的。男人挺令人意外的是一遭遇到挫折就退縮了，某種程度來說是個裝飾品，中看不中用，所以背後的女人夠強大，這裝飾品就能穩穩站住。

我父親是一名薩摩琵琶演奏家，母親在戰前曾於神田的咖啡館工作，之後在橫濱經營居酒屋，同時也把家裡料理妥當，順利運作著，可不是普通的精力充沛而已呢。

Kirin's Will

086

有人說我父親的生辰八字好，
但我認為不是，是他以自己的性格，
讓那個八字變成好命格。

報紙的採訪，談到身為薩摩琵琶演奏家的父親時所言。
——一九九六年二月

就像我剛才說的那樣，他常常會和我說些發生在他身邊的趣事。他是一個這樣有趣的人，周圍自然而然地會有人聚攏過來。

有人說我父親的生辰八字好，但我認為不是，是他以自己的性格，讓那個八字變成好命格。

對我來說，這樣的父親讓我從沒想過要反抗，所以才會在出社會後才這麼叛逆。我繼承了他對凡事都能感到有趣的性格，這是我做為一名演員的基礎吧。

087

與其說我們感情好，不如說是不過問吧。
對於家人，我大抵是一概不過問的，
連對孫子們也是。
感覺上每個人先是獨立的個體，
然後才一起組成這個家庭。

在電視節目中擔任來賓時，對於觀眾提問「與女婿相處融洽的祕訣是什麼？」的回答。

——二〇一八年五月

與其說我們感情好，不如說是不過問吧。對於家人，我大抵是一概不過問的，連對孫子們也是。雖然有時他們在哪裡跌倒、失敗了，也還是會感到心疼，再怎麼說也是家人嘛。所以這時候，我就會把他們想成是沒有關係的其他人，就可以用一句「哦，這樣啊，很痛吧」就結束。若想成是我的孫子女啊，是我的女婿啊，是我們家最有貢獻的人等等，就會忍不住擔心「有沒有大礙」，所以我決定不這麼想。不論是孩子還是孫子女，我從來沒買過東西給他們，一個都沒有。我一定被他們討厭了吧，這種時候我都覺得自己滿令人討厭的（笑）。不論在什麼情況下，只要完全不期待，就不會受傷害。

對一切有期待，從自己的角度來看就是「希望事情如自己所想」吧？從對方的角度來看又不一樣了。個人有個人的想法，感覺上每個人先是獨立的個體，然後才一起組成這個家庭。所以有時我說「要不要這樣？」，他們回「嗯，不要」時，雖然也會不高興，但反正原本就不期待他們順著我，就也沒關係。基本上我們家每個人都是很有個性的。

Kirin's Will

088

世上的家庭，能夠聚合在一起，而不是分崩離析，都是因為女人強大的韌性吧。「女」字旁加「台」成為「始」，做為一切的開始、打造出基礎平台的都是女人。

電影《東京鐵塔：老媽和我，有時還有老爸》上映時的訪問，談到所飾演的母親角色。

——二〇〇七年四月

世上的家庭，能夠聚合在一起，而不是分崩離析，都是因為女人強大的韌性吧。「女」字旁加「台」成為「始」，做為一切的開始、打造出基礎平台的都是女人。現今的世界四處都在動搖崩解，但只要腳下的平台不動如山，大致就不會有問題。我想每個女人在人生結束的時候，一定有人會為她哭泣，一定有人會覺得「有你在真好」吧。

不過這部電影的原作中有一句「母親是無私無欲的」，真是如此嗎？我認為母親確實在她自己的心中選擇了人生的道路，只是從結果來看，她在孩子的心中是不曾抱怨的人。這一點我覺得寫得真好，即使經歷了再多的苦難，也不怪罪他人，這是做為一名女人的灑脫，母親不就是這樣的角色嗎？

Kirin's Will

089

換個詞來說，缺點也能變優點。

在電視節目中，與演員YOU、導演是枝裕和的三方對談，提到與孫子女相處的方法時所言。

——二〇〇八年六月

我說雅樂（樹木希林的孫子）他害羞點也沒什麼不好。雖然這其實是他的不足之處，總希望他可以「更像個男孩子」，而這是孩子的天性，若說這樣不行，要他這樣或那樣改變太強人所難。所以我想，不如將這個較負面之處換個說法：「小心謹慎，也是好事。」缺點也能變優點。

下面那個孫女完全沒有繼承到我，長得就是本木家的臉，是十足的美人兒啊。那孩子似乎挺討厭我的，我對她也沒什麼好感，不過後來和她變得較親之後，我就問她：「大家是不是都說你很漂亮、很可愛？」她點點頭，於是我告訴她：「可是，你若自己也這麼覺得的話，就會變成讓人討厭的個性喔，會沒有朋友。所以你得比別人更善解人意才行，如此一來，你的可愛與好個性才能加乘，讓你成為一個更好的人。」她聽了便低聲地說了句：「知道了。」（笑）

Kirin's Will

090

在我們家，自己的內褲當然自己洗。

在NHK早晨連續劇《跳駒》中飾演主角母親一角時接受訪問，談到孩子的教育時所言。

——一九八六年六月

我認為教養孩子不可以溺愛，孩子自己的事就讓他自己去做，家事也應該讓孩子跟著父母一同分擔。孩子會看著父母親在做什麼、怎麼做而學習。

在我們家，自己的內褲當然自己洗。第一次，女兒一臉不解地看著我，不知該從何開始，我就洗給她看，接著完全放手讓她自己試，之後她就會好好地自己洗了。

Kirin's Will

091

出社會時才遭遇挫折會更慘，所以不如先在我這兒受點傷還來得好些。

在電視節目中，與演員ＹＯＵ、導演是枝裕和的三方對談，提到教養子女時所言。

——二〇〇八年六月

就像與人相處時的感覺一樣，我不會管她是小嬰兒還是小孩子，時常會和她說些滿殘酷的事，或許會讓她感到受傷。可是如果太過於保護，出社會時才遭遇挫折會更慘，所以不如先在我這兒受點傷還來得好些。

因此當我在教自己的孩子時，畢竟是獨生女，比方說家裡有蛋糕或是好吃的東西端上桌，我是第一個動手去拿的。在別人眼中也許會覺得我這個母親是怎麼當的，但我會刻意不叫小孩先吃。因為在社會上，大家同在一桌時，不會有人說「你先拿自己喜歡的」，可不會這樣讓你。

於世田谷區砧一帶的攝影棚附近，在常去的居酒屋吃晚餐。為了驅寒，飯前先來一杯魚翅酒。（一九九〇年）

第七章

務

——關於工作與責任

Kirin's Will

092

即使時代在改變，我也不曾想過要怎麼搭上潮流的順風車。盡可能不去想時代的風向。

在訪談中被說到「樹木女士好像天性就與廣告很合呢」時所回答。

——二〇一六年十一月

廣告的世界似乎與我很合呢。拍了廣告之後的我漸漸發揮力量，確立了自己的位置，感覺拍廣告是我做為演員的墊腳石，自己都覺得有些不可思議。然而即使時代在改變，我也不曾想過要怎麼搭上潮流的順風車，盡可能不去想時代的風向。所以那個時候，有位資深女演員叫住了我，對我說：「你啊，去拍什麼廣告，這樣是不行的。」我便回她說：「不會呀，我覺得很好。」我並不打算讓時代的波動或潮流影響我，這樣一路走來五十五年，還能繼續待在這個業界，不也是很精采、很精采的人生嗎？

Kirin's Will

093

房貸繳完之後，工作就只是為了人情了。
我既沒有目標，
也不是那種會努力投入研究角色、
用功型的演員，只是個厚臉皮、
不怕人家指指點點的人。

接受報紙訪問，談到自己的前半生以及宣告罹癌後的整體生活。

——二〇一八年八月

對於演員這一行，我沒有執著也沒有遺憾了。我想說這次與是枝裕和導演的合作是最後的工作了，才去做這件事。十八歲那年也是很偶然地步上演員人生。本來想聽父親的勸告，去當藥劑師，但因為腳骨折，只能放棄藥科大學的入學考試，就在那時看見戲團招募實習生的徵人啟事，而成為我踏入這行的契機。

成為演員後最大的好處是很快地就還完房貸了。年輕時我很喜歡投資不動產，現在已完全不感興趣。房貸繳完之後，工作就只是為了人情了。我既沒有目標，也不是那種會努力投入研究角色、用功型的演員，只是個厚臉皮、不怕人家指指點點的人。大約十年前，我的經紀人去世後，我就只靠一台電話答錄機來接受工作的邀請。不便就是最大的方便。

Kirin's Will

094

我對自己的長相感到厭煩。

在電影《小偷家族》相關的訪問中，談及拿掉假牙上鏡的理由。

——二〇一八年六月

對於我以不帶假牙的樣貌示人，被說「身為女演員做這樣的事，簡直比全裸還要更讓人感到羞恥」。在電影《小偷家族》中，我的頭髮很長，看來是不是很像可怕的老太婆？

我對自己的長相感到厭煩。會再度去拍是枝裕和導演的作品，也是因為我想著這是最後的合作了而向他提案。我已經是後期高齡者，已到了得考慮關店的時期了。

另一方面，我也想讓世人看見人逐漸變老、崩壞的樣子。愈來愈少人與高齡者生活在一起，不是每個人都知道人老了會變成這樣的吧？

也有人說我在電影之中，大吃橘子的模樣很動人。那是用牙齦去磨果肉，沒有牙齒就是這麼一回事啊。

Kirin's Will

095

我希望自己能成為畫筆下的其中一個顏色，或是庭院裡的其中一棵樹就好了。因為在這裡，最令我感到自在。

提到電影《我的母親手記》獲得日本電影金像獎最佳女主角一事時所言。

——二〇一五年五月

我已經到了要頒獎給人，而不是人家要獎勵我的年紀了。只不過，這部片沒有老太婆也不行。

電影的優點就是大家都朝著同一個方向前進，花時間去做出東西來。雖然現在才這麼想有點遲了，我卻覺得是件很棒的事。

吉永小百合小姐從早期就一直是拍電影的，我到現在才明白她的心思。拍電影對她而言是全心全意、如生孩子般地投入。我則是希望自己能成為畫筆下的其中一個顏色，或是庭院裡的其中一棵樹就好了。因為在這裡，最令我感到自在。

Kirin's Will

096

創造的「創」字，
與創傷的「創」、絆創膏的「創」字是同義的。
畢竟所謂的創造是先破壞再建造；
是某個地方弄傷了，便將那裡修復吧。

憑電影《東京鐵塔：老媽和我，有時還有老爸》榮獲日本電影金像獎最佳女主角，針對頒獎典禮上説出「如果我是評審，就會投給別部作品」後的一席發言。

——二〇〇八年五月

這雖是為自己辯護的說詞，但如果我需要創造點什麼的話，那創造的「創」字，與創傷的「創」、絆創膏（OK繃）的「創」字是同義的。畢竟所謂的創造是先破壞再建造；是某個地方受傷了，便將那裡修復吧。在日本電影金像獎的頒獎典禮上，我的發言是很不恰當的，我自己明白。但對於看著電視，認為最近電視內容不大有趣的觀眾而言，就算只有一人能說「噢！我看到這一段了」，我也發揮了一點的效用。身為最低階的創造之人，我只會這樣做了。

以前，我也曾覺得「不美的人也會變美」這句廣告詞並不是謊言，認為廣告並不一定要說實話，我曾經是這麼主張的人，還慎重地將此做為自己的原則。不過當自己變得無法接受這樣的想法時，在其中試著掙扎、反抗也不錯。我是一路這麼走來，今後大概也會這樣吧。

Kirin's Will

097

從事演藝工作的人，是要經過時代的淘選，
可能會被捧上天，也可能被踩在地，
要在那裡生存下來就看你有多大的本事。
所以可以走到台前，
就代表你是有些能耐的吧。

在訪問中談到「演員」時所說。

——二〇一六年十一月

是圈內知名的愛車人，換過七輛車，都是最喜愛的車款「雪鐵龍2CV」。（一九七三年左右）

Kirin's Will

098

人也有所謂的「物盡其用」，一個人會因為被放在不同的地方，決定他可能是好好發揮所長，或是做著無趣的事。

電影《戀戀銅鑼燒》上映時的訪問，談到物與人的盡其所用。

——二〇一五年六月

我在房子上雖然花了不少錢，但生活卻是極度簡樸。會拿剪刀在舊襪子靠近腳根之上的地方一刀剪下，套在平板拖把上去擦灰塵。剩下的部分呢，比方說是有點裝飾的可愛襪子，天冷時就拿來套在手腕上，你看，我今天也是這麼戴著。再這樣用到不能用了，要對它說一句「謝謝」，最後才丟棄。就是所謂的「善後」，考慮的是如何「物盡其用」。

人也有所謂的「物盡其用」，一個人會因為被放在不同的地方，決定他是發揮所長，還是做著無趣的事。但是世界上幾乎所有的人都無法找到最合適的職業。有些人如果可以遇上真正適合的工作，就不會有這麼多悲傷了。我有時看人，都會覺得這人應該是很難受吧，但我不是什麼諮商師、顧問，無法對他說什麼……雖然我對他說點話也不會怎樣。

是啊，我不認為演員是最適合我的工作，但是一回過神來，已經做了這麼多年了，這讓我很是感激。

099

我沒有「基礎」！
基礎是每一個人教我的。
世上的每一個人，都是我的老師。

在以北大路魯山人為主題的電視節目中，引自學成師的魯山人為例，回答「自學的優勢與弱點為何」。
——二〇一七年八月

（關於自學演戲一事）不是到處都有人嗎？看到很多人這樣做，就試著將他們的動作拿來套用，便是最初的學習。像魯山人，基礎的那些東西是真的去學，但篆刻、雕刻則是偶然接觸，最後自學成師，並沒有特別做什麼。將學習的方法做為基礎，不論做什麼都是可以成的。

我沒有「基礎」！基礎是每一個人教我的。世上的每一個人，都是我的老師。

Kirin's Will

100

不被期待，才能做出最好的東西。

在電視節目中，說起廣告名言「美人會更美，不美的人則如實呈現」這句話誕生的拍攝現場，以及與製作人川崎徹討論的過程。

——二〇一八年五月

我問川崎先生：「你不覺得哪裡怪怪的嗎？美人拍起來會更美是可以理解，但不美的人在照片中可以變漂亮不是很奇怪嗎？」他說：「是耶，嗯……就表示底片的品質好啊。」我又接著說：「可是，這很奇怪吧？」兩人你一言我一語。

（開拍時）業主那邊的代表一個都沒來，我就想，不被期待，才能做出最好的東西。所以像剛才說的《寺內貫太郎一家》就是東拼西湊的電視劇。電視臺的高層都來了，這個說要這樣，那個說要那樣，多頭馬車之下，全部的意見都丟進去揉成一團，最後就成了一部不知所云的連續劇。所以完全不被期待、交給專業去發揮是最好的。

Kirin's Will

101

不論活了多久，身為一個人，該怎麼說呢？
比起做為演員該下什麼功夫，
我對於想要成為一個層次豐富的人
該朝哪個方向前進，還比較有興趣。

在雜誌專訪中，談到對人的興趣時所言。
——二〇〇八年十二月

我討厭人，覺得很麻煩，所以也沒有朋友。我有斜視，但這也是某種上天有意的安排吧。不然直接讓我看不見就好了啊，卻要我往錯的方向看去，似乎一不小心就看見人的內心了呢。大概是因為這樣的關係，我無法與人好好相處吧。但是我心裡卻對人性非常感興趣，所以會對於人的創作這點產生興致，但平時就是一個人獨來獨往。現在也不待在藝能界的中心，而是在稍微遠離的、對自己而言最舒服的地方待著。在不必涉入太多的位置上。

現在想想，我竟可以這樣活到六十五歲啊，一路上都覺得自己不適合當演員，要想法沒想法，要才華沒才華，一直認為這可能是最後的演出了吧。只是，不論活了多久，身為一個人，該怎麼說呢？比起做為演員該下什麼功夫，我對於想要成為一個層次豐富的人該朝哪個方向前進，還比較有興趣。

Kirin's Will

102

生而為人這件事，本身就有無限的魅力，但我覺得自己並沒有用盡全身之力去付出。

在回首前半生的報紙轉載訪問中，談到對演員一職的不滿足，「我應該一輩子不會有代表作吧」、「也許還抱著不滿，人生就已到盡頭了吧」等時所言。

——二〇〇五年七月

生而為人這件事，本身就有無限的魅力，但我覺得自己並沒有用盡全身之力去付出。今後？也許還會有很多可能性，可是我不認為自己得要因此而努力。

Kirin's Will

103

傷害這世界的是老人的任性跋扈。
時候到了，就收拾好自尊站到旁邊，
把路讓出來吧。

在電視節目中與播報員古館伊知郎對談，聊到退休一事時所言。

——二〇一七年八月

有次久米宏先生開玩笑說想要辭去《News Station》的主持，覺得工作很煩、很累。那時的他想要退出，但公司不肯放人，正好我上他的單元節目〈最後的晚餐〉那個系列，我就對他說：「久米啊，你想離開的話，隨時都可以離開，沒必要去想你開了一個洞，沒人來補怎麼辦，一定很快就有誰來了。」一有空位，馬上就會填起來，我是這麼想。

有句話說，年輕人的失敗對世界不會造成什麼傷害，傷害這世界的是老人的任性跋扈。我今年已經七十四歲，有資格被當作任性跋扈的老人了。然後最近我才發現一句很棒的話：「時間到了，就帶著自尊站到一旁去。」（出自德國兒童文學家埃里希．凱斯特納）看到這句話時，我在心中大喊：「對！就是這樣！」時候到了，就收拾好自尊站到旁邊，把路讓出來吧。這就是我現在的心情。

Kirin's Will

104

若是有什麼遠大的目標，或懷著怎樣的夢想，
也許拍廣告會讓我覺得是很大的挫折，
但那些我全都沒有，所以反而幫了我。

在藝術家箭內道彥的專訪中所答。
——二〇〇七年八月

在我早期剛開始拍廣告那時候，最好的演員是演舞台劇的，電影次之，接著是電視劇。上電視對一名演員來說評價已經不會太好了，拍廣告更是等而下之，那個時代的標準就是這樣。不過這一切都不在我心中，我選擇當一個「拍廣告之外，也演電視、電影、舞台劇的演員」。

我從廣告的地位低到不能再低的時候就開始接拍，表示我一點都不覺得這有什麼不好。我若是有什麼遠大的目標，或懷著怎樣的夢想，也許拍廣告會讓我覺得是很大的挫折，但那些我全都沒有，所以反而幫了我。

Kirin's Will

105

若剛好做的是自己喜歡的事，
又能靠這個維生，便值得大大地感謝。
然而一開始便奢想「靠興趣吃飯」，
就是狂妄了。

在電視節目中，與演員YOU、導演是枝裕和的三方對談，聊到演員這一行時所言。

——二〇〇八年六月

日本畫家秋野不矩曾說過「想靠興趣吃飯是一種狂妄」，我也這麼認為。因為世上的人為了求生存，不論喜歡或不喜歡的很多事都非做不可，若剛好做的是自己喜歡的事，又能靠這個維生，便值得大大地感謝。然而一開始便奢想「靠興趣吃飯」，就是狂妄了。

Kirin's Will

106

若只是一個好人，
便無法觀察別人；
還得要是令人討厭的傢伙，
才做得來演員這一行。

談到自身的性格與演員的工作時所言。

——二〇一八年五月

我完全不是什麼好人，個性非常乖僻，常常這樣（斜眼）看人，不過一名演員連這樣都辦不到的話是不行的。若只是一個好人，便無法觀察別人；還得要是令人討厭的傢伙，才做得來演員這一行。

我奉勸各位父母不要想讓女兒當什麼演員，婚姻一定會失敗，不可能順遂，要是順利的話就不適合做這行了。演員還得要看見人的不同之處，有與眾不同的點子。

Kirin's Will

107

要看他們能否盡到應盡的責任，來決定今後他們做為人的價值。

在藝術家箭內道彥的專訪中，談到「上位者的責任」時所言。

——二〇一三年四月

要說今日在上位的那些領導者的罪過，我覺得還不少呢。常常都只關心自己的未來會如何、遇事就說與己無關……。

他們既然有那樣的地位，就該有相應的責任。那些賺很多錢、生活更豐裕的人們，或是所謂的在上位者，真的要看他們能否盡到應盡的責任，來決定今後他們做為人的價值。就像每次首相換了人，後繼者就把前任做過的事都忘了，這……。但是，就算追隨前任的腳步，就能說是有器量嗎？那又未必了。

電影《小偷家族》上映時接受訪問。（二〇一八年）攝影：興村憲彥

第八章

死——關於生與死

Kirin's Will

108

對於死，我是更為謙虛的。
就算是措手不及，就算讓人不忍卒睹，
那也沒有關係，希望孩子們能夠理解、接受。

在以抗癌為主題的談話性節目上，談到自己對於死亡的想法。

——二〇一六年二月

我這樣大過年的期間推出那幅「讓我以喜歡的方式死去吧」（廣告主視覺），感覺上好像對自己的死有了深刻的思考，但其實我並沒有那麼狂妄，對於死，我是更為謙虛的。就算是措手不及，就算讓人不忍卒睹，那也沒有關係，希望孩子們能夠理解、接受。我想讓他們看見死亡吧，讓孫子們看看，這個老婆婆是這樣死去的呢，這樣一個毒舌的人，就這樣死去了呢……之類的。這也是另一件我希望他們能發現的事。

109

那感覺不是「何時會死」，而是「隨時都會死」。

報紙的連載訪問，談到關於死亡時所言。
——二〇一八年五月

我已經進入後期高齡者之列，覺得人生至今過得十分充實了呢。我以前都以為身體是屬於自己的，想想還真自大，最近才開始認為這個身體是借來的，我只是將帶有這樣性格的靈魂寄宿在其中而已。

然而從年輕時開始，我一直都是毫不客氣地操用著它，毫不珍惜地過度使用它，事到如今，想對它說「對不起，請原諒我」，也已經太遲了。

人們常說「人遲早會死」，然而我與癌症長時間相處下來，那感覺不是「何時會死」，而是「隨時都會死」。不過，一想到要把這借來的身體還回去，就感到好輕鬆啊。

從旁人的眼中看來，也許會說我這是「覺悟」了。我覺得自己未必是有所「覺悟」，但是也不至於不安，感覺只是一路這樣活了過來，也即將這樣漸漸死去，如此而已。

Kirin's Will

110

希望自己年紀愈大，表情愈是有精神。我希望自己能夠活到全身細胞無法再動、心無執念為止。如此一來，就能夠接受一切、毫無遺憾地死去吧。

於雜誌連載的文章，提及畫家熊谷守一之死，與自身在飲食生活上的講究等相關內容。

——一九七七年八月

……若要說我這麼忙怎麼還能維持健康，大概是因為我想好好地活、好好地死去吧。我這個人非常膽小，若是因為生病、發生意外而失去生命，光想像就可以把我嚇死了。所以即使是演戲時，遇上危險的場面，我也會硬是找出無法接受的理由，要人家通融、更改；除非必要，能不搭飛機就不搭。至於會造成疾病的精神壓力，應該要藉由與宇宙調和來化解，但我沒辦法，於是便將力氣花在食物上面。

雖然無法像熊谷守一那樣，但我很希望自己年紀愈大，表情愈是有精神。我期待自己能夠活到全身細胞無法再動、心無執念為止。如此一來，就能夠接受一切、毫無遺憾地死去吧。若問我有何欲望的話，我希望最後可以說一句「那就這樣囉」，灑脫地死去。

111

年輕時，死亡並非日常；而如今，可非常真實地感覺到自己是站在死亡的那一方了。

與鎌田實醫師的對談，聽到醫生提及乳癌容易復發，完全根治的療程很長時所言。

——二〇一二年二月

因為癌症，讓我有了此後「已無法鬆懈」的覺悟。因為有了這樣的心理準備之後，便是保持著不悲觀但也不鬆懈的心態，找尋我的生存之道。

現在，我覺得自己可以按步就班地步向死亡。不是那種突如其來的一聲「哎呀」就死去了，而是緩緩地「我要死了喔」的感覺。想到人生這樣的結束，不由得還有些心喜。

所以啊，年輕時，死亡並非日常；而如今，可非常真實地感覺到自己是站在死亡的那一方了。

Kirin's Will

112

人啊，也許就是這樣在自然之中，轉瞬就死去，然後又誕生。若能這麼想，人生就可以過得更愉快吧。

在藝術家箭內道彥的專訪中，聊到「想著如何不死的人與活在當下的人」時所言。

——二〇一三年四月

於自家庭院。（二〇一五年）©《週刊現代》（講談社）／攝影：菊池修

Kirin's Will

113

能夠漸漸衰老而去，是最棒的死法。

於電影《積存時間的生活》擔任旁白，後與演出者津端英子女士對談，提到關於死亡一事時所言。

——二〇一七年一月

對於漸漸衰老而去，留下來的人反而更看不開。也許是希望你能夠更長壽吧，所以無法什麼都不做，眼看著你衰老而死，於是要幫你插管、做些侵入性醫療，希望你能活得更長一點。可是，死就是這麼一回事啊，並沒有什麼特別，應該就是日常之中會發生的。不管我們在戰後享受過如何豐饒的時代，不論我們如何忌諱、嫌惡死亡這件事，有生就有死，兩者是不分離的，所以我們是理所當然地漸漸朝死亡而去，然而留下來的人可說是非常地執著，總希望你再活得長一點、久一點，這樣的願望無窮無盡，連自己都搞不清楚究竟為何了。

能夠漸漸衰老而去，是最棒的死法。留下來的人卻要你再久一點、再長一點，再多做一點努力吧。如果是我的孩子這麼對我說，我會覺得「那可能是你們自己太過執著了」。

Kirin's Will

114

有了覺悟之後，心情就輕鬆許多了啊。

檢查出罹患乳癌，在自家召開記者會時，對於記者提問「有沒有什麼照顧自身的方法？」的回答。

——二〇〇五年一月

有了覺悟之後，心情就輕鬆許多了啊。我說的覺悟不是下定決心要接受手術的那種，而是，至今活過六十二個年頭，環顧四周，確認就算沒有我在，身邊的每一個人都可以好好地生活下去。

父母已走，不會因此而傷心哭泣，所以我覺得自己死了也沒關係。所謂的覺悟是「我可以死了」的意思。

Kirin's Will

115

我的理想是希望活到最後一刻都是美的。存在的本身，是為了想要成為人家看你時能屏息讚嘆的那種人，不是為了那些有形之物，而是心的器量。

接受雜誌以「我夢想中的人生盡頭」為主題的採訪，談到與死相關的話題。

——一九九六年九月

我自然而然地與孩子們住在一起。我沒有照顧他們，反倒是他們照顧我許多。

若是為了我自己，一個人反而落得輕鬆，可是和他們住對我女兒也好，女婿也好，他們的孩子就能夠對我的臨終有切身的感受。若一直分開來生活的話，就很難感受得到了吧。我認為，一個人若是可以實際體會「人終有一死」，就能好好地活著。

我的理想是希望活到最後一刻都是美的。將執念全都拋棄，砰地一聲放下，全身的力氣都鬆下來了。存在的本身，是為了想要成為人家看你時能屏息讚嘆的那種人，不是為了那些有形之物，而是心的器量。

Kirin's Will

116

我想告訴孩子們、孫子們，
死亡是日常之中的一件事。
如此一來，他們就不會那麼害怕死亡，
會知道要珍惜他人。

與播報員古館伊知郎在電視節目的談話中，從電影《積存時間的人生》聊到與死相關的議題時所言。

——二〇一七年八月

現在，我們幾乎不會接觸到人之死。大家都在醫院裡往生，說來這麼可怖的事不用去看也有人能替你處理得好好的。我認為這樣不好，是一種損失。在這部電影之中，很重要的一幕就是讓觀眾看到津端修一先生去世時的模樣，因為我們在看《積存時間的生活》這部紀錄片時，一直將自我的情感投入其中，與影中人有同樣的心情，過著同樣的生活。原本還活著，就在你身邊的那個人，一下死去了，那種類似失去、失落的情緒，就是這部紀錄片所要呈現的。或者說，我覺得我們在日常之中，經常錯過或是沒機會見到人的死亡，甚至是親人的死亡，因此片中的這一幕是非常好的機會。

我也希望自己臨終時，絕對……可以的話不是在醫院，而是在自己的家裡。通知大家，請他們趕回來，也許我不會馬上就死，甚至還迴光返照也說不定，然後氣息漸漸減弱。我想告訴孩子們、孫子們，死亡是日常之中的一件事。如此一來，他們就不會那麼害怕死亡，會知道要珍惜他人。這是我再次看了這部片之後所思考的事。

Kirin's Will

117

並不是想要活得更久，
而且一點也不覺得變老很痛苦，
只是不想慌了手腳，
期望自己能淡淡地活著，淡淡地死去就好。

在雜誌的訪問中，談到感興趣的事。
——二〇〇二年八月

現在，也說不上是什麼很有興趣的事，總之就是用心在維持自己的身體。比方說為了日後若需要坐輪椅時，可以在家中自由來去，我在新家做了無障礙空間。但若是身體還沒有老化到需要坐輪椅的程度，就因為飲酒過度引發腦溢血、中風之類，豈不是給自己找麻煩？所以我覺得對自己的身體有責任，決定生活不能太放縱。並不是想要活得更久，而且一點也不覺得變老很痛苦，只是不想慌了手腳，期望自己能淡淡地活著，淡淡地死去就好。

118

邁向死亡該做的事，
就是向人道歉。
反正道歉也不用錢，
對小氣的我來說很剛好。

在報紙連載的訪問中，提及接受乳房切除手術之後，意識到死亡一事以及與丈夫內田裕也之間的關係時所言。

——二〇〇九年二月

邁向死亡該做的事，就是向人道歉。反正道歉也不用錢，對小氣的我來說很剛好。道歉之後，心情會很輕鬆。癌症真是值得感謝的疾病啊，因為得了癌症，讓周圍的人都肯認真地面對我了。因為他們會想著，該不會明年的此時這個人就不在了，要把握能和這個人相處的時間啊。從這個面向來看，癌症真是有趣呢。

Kirin's Will

119

有什麼想做還沒做的事，不死死看誰知道呢？

電影《戀戀銅鑼燒》上映時的訪問，談到該片的文案「你有沒有什麼事，想做還沒做？」。

——二〇一五年五月

雖然不是特別去想這件事，但這回合作的演員或這部《戀戀銅鑼燒》的原著作者多利安助川，好像都讓我有「思考生命的意思」之感。這部電影的文案是：「你有沒有什麼事，想做還沒做？」對我自己而言，完全沒有那種具體上更想做的事或是今後想要開始做的事。我父母都已離世，女兒也自立了，活到七十二歲，已能夠接受自己是「有資格死的人」了。

有什麼想做還沒做的事，不死死看誰知道呢？之後就是維持現狀，繼續成熟直到生命結束，沒有什麼新的目標要去達成的了。

Kirin's Will

120

現在我能夠很有自信地說，
直到今日的人生，非常圓滿。
就在這裡向大家說再見了。

於報紙連載的訪問中，被問及現在的心境時所答。
——二〇一八年五月

讀後
療癒推薦

推薦文

再見樹木希林

作家／吳曉樂

之所以會對樹木希林產生印象，來自她在電影《東京鐵塔：老媽和我，有時還有老爸》的演出，內心反覆嘀咕：「這位演員身上的母親氣場真是奪目啊！」但專心追逐與她有關的消息，還是得等到《橫山家之味》。樹木希林飾演主角的母親淑子，她把淑子沉靜的哀愁與不著痕跡的責問，演繹得相當到位，按照導演是枝裕和的說法，是「精準的失控」。到了這部戲，再也按捺不住好奇心，迫切地想知道這位演員的背景（說明白一些，想知道這位演員私生活中也這樣「腹黑」嗎？），殊不知隨著搜尋結果跳出來，竟被吸進一個更燦爛的世界。這位演員即使在銀幕之外，也活得超級戲劇化啊！好比說她原本的藝名為「悠木千帆」，在一次電視台紀念拍賣中，由於「沒什麼東西可賣」，索性賣掉了自己的名字，從此改為樹木希林（改名的過程收錄於書中，也是傳奇！）。或是被問及想給年輕人什麼建議時，天外飛來一筆地答覆：「如果我是年輕人，老年人說什麼我都是不會聽的。」然而，最讓我徹底迷戀上這位演員的，莫過於她看待人與人之間擁有羈絆的可能。樹木希林結過兩次婚，她與第二任丈夫內田裕也的婚姻可說是「眾人矚目」。內田年輕時施暴頻仍，樹木希林也不是沒想過「趁他沒防備時刺他一刀」，但最後沒動手的原因竟是「要為了他而坐牢，不甘心」。

樹木希林產下一女後，夫妻為避免「相愛相殺」，兩人分居逾四十年。這段年歲中，內田裕也自我的作風反覆給樹木希林帶來關卡，但她從沒有讓丈夫及等著看好戲的媒體得逞，屢屢高明地化解窘境，甚至反過來讓這些「挑戰」化為個人修養的累積。內田曾這樣評價妻子：「當然是喜歡她，但真的很可怕。她是史上最強的母親，最強的女演員，最強的妻子。我雖然不會向她下跪，但我一生都秉持最搖滾的精神由衷向她道歉。」

愈是深入她的言行舉止，愈能理解到她的魅力，穿透了銀幕，渲染至人生。像是她所飾演的那些母親們，有一點慧黠，有一點私心，溫暖的背後也承認陰暗的人性。但在現實中，有一點與影劇中的表現截然不同，樹木希林雖時常自我嘲弄，待人卻是十足敦厚。許多我們只敢迂迴在心底的話，樹木希林說出來了；也由於她搶先一步說出來了，與她共事的人，或包括讀者，彷彿得到逃生梯，在人生進退無據時，有路可退。若有朝一日我們也面臨了老病，甚至死亡的時辰，不妨複習一下樹木希林答問的從容與專注，內心的徬徨也能找到安歇處。

看完這一百二十則關乎人生的箴言，極度渴望再見見這位演員的身影。打開電視，先找到《比海還深》。劇中父親的葬禮告一段落以後，鬱鬱不得志的良多（阿部寬飾演）回家探視母親，母子倆吃著稀釋可爾必思結成的冰體。良多得知母親已把父親的東西都扔了，驚訝地問：「這是一起生活五十年的夫妻做得出來的事情嗎？」樹木希林飾演的母親回答：「就是因為牽手五十年才有辦法啊，這個太深奧了，你不懂！」

我們不懂的事實在太多了，感謝樹木希林留下這麼多訊息。很多當下無法體會的哲理，隨著光陰推移，也能走到心領神會的一日。也慶幸她是一位留下大量作品的演員，即使病逝，我們依然可以在影像中，反覆感受她的動靜自得。

推薦文

展演「存在」的高度

文字工作者／阿潑

日本女星樹木希林於二〇一八年去世之時，她的人生故事與名言，在社群網站上如大浪般翻湧了一波。「是個很酷的長輩啊」，很多人應該都和我有著一樣的想法，所以忍不住主動分享。但此前一年，我就在一篇題為〈這個七十四歲的日本國民女演員，簡直活得比 rocker 還 rocker〉的文章中，知道這位在電影裡總是帶著呢喃碎語的老奶奶，活得讓人折服。

對我這種對「世代」持著反叛心態的人而言，尤其熱愛其中某段問答：「對於年輕人，你有什麼樣的人生建議？」「請不要問我這麼難的問題，如果我是年輕人，老年人說什麼我都是不會聽的。」（本書中也有類似的句子：「傷害這世界的是老人的任性跋扈。時候到了，就收拾好自尊站到旁邊，把路讓出來吧。」）

銀幕裡的樹木希林充滿魅力，演繹了故事裡的某些角色，說出編導打造的漂亮台詞；然而，將這些人物性格打磨得發亮，讓台詞能擁有自己的生命，靠的是這個資深演員的人生歷練與智慧。她的真人故事，獨特的思考與語言，足以證實這一切。

過去那兩年，我總是忍不住分享樹木希林的故事，剪貼她的名句，好像光是這麼做，自己看待人生就可以睿智一些——當然這只是自我安慰而已。但知道她的那些哲理名句被完整收錄在一本書裡，覺得很是感恩。搭捷運公車，或睡前翻一翻這本《離開時，以我喜歡的樣子》，有點像是翻看宗教經文一樣，總會莫名得到些指引或者一點療癒：能這麼想，真的很酷。

例如這句：「邁向死亡該做的事，就是向人道歉。反正道歉也不用錢，對小氣的我來說很剛好。」

這本書從書名到內容，會讓我想到海德格那句，「向死而生」，亦即在時間的限度裡，活出自己的生命。樹木希林在婚姻的枷鎖、家庭的繫絆、工作的選擇等生活種種外，還在罹癌、老去、死亡這終點可見的向度裡，展演「存在」的高度。

書中的文句，便是在生病與生活，生命與死亡，束縛與自由等等充滿二元性的辯證中思考，例如：「人啊，也許就是這樣在自然之中，轉瞬就死去，然後又誕生。若能這麼想，人生就可以過得更愉快吧。」

說實話，這本書的「死亡」（疾病）的比重有些太多。我不確定對大部分讀者來說，算不算有用；對自認健康、年輕的眾人來說，是不是隔了一層？我十歲就對死亡充滿困惑，到了不惑之年，親見年紀相近的朋友一個一個罹癌，又或者突然死去，甚至自己的健康也大出問題，總是感嘆只有在病痛之時，才能真正感受到身體的存在，器官在運作，以及還在呼吸、仍然活著的真實。於是對於「生命」也像換上不一樣的眼鏡那般，產生不同的視域和理解——在終點線前，氣喘吁吁、精疲力盡的你，才會感受到那胸口隆隆的心跳聲，以及每一次呼吸。

而我就是這樣讀樹木希林這本書的。

推薦文

老，然而舒坦

編劇、導演／徐譽庭

五十歲前夕，我憂鬱了一陣子，覺得自己一隻腳已經入了棺材。體力的不繼、死亡的未知，讓我長達數月陷入憂鬱。結果憂鬱了半天也沒用，五十歲還是來了，而不斷的自我對話後，憂鬱大概也被我弄煩了，於是漸漸奄息，隨之而來的反而是一種真心的舒暢，雖然身體愈加地腰酸背痛。

我從那時候開始了每週上山聽師父講經的行程。

師父說：眾生皆是佛。師父說：所謂修佛，修的根本是自己。師父說：修得自己的心如一面明鏡，明心見性，如如而行。

爆難。

但不知道是因為認栽了五十歲，還是因為修動了自己，我的心真的寬敞了一點，有一些東西進去了，有一些東西出來了，我在裡面逛逛的時候也不會撞到痛腳，或找不到地方坐一坐。

這時候我才突然感覺到原來「老」分為兩種，一種老是連自己都討厭自己；一種老則讓人舒坦。

樹木希林女士是後者吧。

我不敢妄下斷語，畢竟我只是她的觀眾，而會讓我這麼想的原因，正是依據她讓人景仰的表演。我有點臉盲症，常認錯人。記得看完《小偷家族》時，我問身旁的助理，這個老太太應該不是《橫山家之味》的老太太吧？

助理一臉驚恐，彷彿看到異獸。是同一個啊！她是樹木希林啊，是枝導演的御用影后啊。

好吧。但其實異獸要講的是「可見得樹木希林的演繹有多精湛」！她不是她，但她們都是樹木希林。我對於演員如何做功課這件事，一直是「去好好生活」這一派——那些從生活中學習與感受而來的領悟、淬練、明達，才會讓你賦予角色動人的內在。

既然領悟、淬練、明達了，就不難溫柔，再加上了那稱之為「智慧」的歲月禮物，所以我才如此斷言樹木希林女士一定是個讓人舒坦的長者啊。

這本書讓我知道，原來這個讓人舒坦的長者畢生說過非常多有趣的話，對我這個修佛的幼兒園生來說，簡直是佛經的白話文版。

譬如她說：

咦？你說有人因為我說的話而得到了救贖？

這已經是依存症了啊，

拜託自己想想吧。

推薦文

無關於愛，卻是愛的本質

作家、影評人／馬欣

我一向不信人生格言，但樹木希林這本書所留下的這些人生訊息是不一樣的。她沒有希求人生有一定的模樣，沒有為好壞下定論。這本書就像是你碰巧遇到了她，送她最後一程，她與你一路聊的話語。書中的字字句句，讓我想起《東京鐵塔：老媽和我，有時還有老爸》的母親身影，想起《戀戀銅鑼燒》裡煮著紅豆餡時的她以及她對活的意念，亦想起《比海還深》中開導兒子的母親。如她所說：「有很多年輕人築起高牆，將自己關在裡面。明明可以自由地活著……牆壁本來是不存在的啊。」如她對活下去感到痛苦的年輕人說：「變成了現在這樣的自己，不也是很有趣？」如她說：「以前的老人家都長得好好看啊。」也如她說的：「感覺上每個人先是獨立的個體，然後才一起組成這個家庭。」

她就這樣一路跟你說著不是什麼「人生大道理」的道理，你因此懂了一棵樹的養成沒有一定的好與壞，它就是跟著地貌、光與雨並存著，於是長成了每顆樹的自然模樣，每朵花也是適時綻放，自開自落都與他者無關，如此存乎於自然，萬物無好壞可分。她的話語讓我想起道家，也讓我想起老莊，但這是樹木希林自然的人生體會。她以一個國民母親的口吻告訴你她一路所見之風景，然後她走了，以一個「母親」的身影道別，最後留下這些話語，看似無關於愛，卻是愛的本質。

推薦文

有趣地走向生命盡頭

諮商心理師／許皓宜

欣賞是枝裕和導演的人大概都知道，他的電影裡常常出現一個令人印象深刻的女演員。在《橫山家之味》中，她扮演一個走不出喪子之痛的老媽媽，靠著折磨別人來發洩心裡的苦，但那份內斂卻充滿爆發力的演技所展現出來的哀愁，卻讓人對這個角色充滿同理，沒辦法討厭她。在《小偷家族》裡，同樣發揮這種深入人心的表演風格。她是已逝的日本女演員樹木希林，留下了一本溫暖又有趣的遺作《離開時，以我喜歡的樣子》。

我很喜歡這本書。一方面是每個篇章都短短的，讓人很好消化；但這些短短文字又帶有很重的分量，當你忙完一天躺在床上，這些內容會突然冒出來敲在你心上，讓我想起影像裡樹木希林的模樣。

她做為女演員，卻有罕見的不上妝的勇氣，因為呈現皮膚原有的質感「不也很好嗎？」，所以接受採訪時她說：「我只是為原本就有的東西找到出路。」

但是她又不喜歡我們因她的話「找到救贖」，因為這是一種「依存症」，她還拜託我們好好想想這種症狀。我看了也忍不住覺得有趣，然而換個角度想就明白，或許樹木希林指的是——我們只是透過她說的話來「為自己原有的心智找到出路」。

她也將這樣的想法實踐在自己的生命上。對於疾病和死亡，她抱著「喔，原來會變這樣啊」的看法，甚至在面對癌細胞的過程中，把疼痛視為理所當然，發現自己原來可以更謙虛，原來因為得癌症而有事先準備身後事的機會。

面對許多人覺得的「苦」，她固執地要找出「其中的樂趣」。所以即便身為一個讀者，讀著她的思維而感到鼻酸，也要想辦法露出微笑，來回報她帶給這世界的樂趣。

一個有趣的人，勢必也用有趣的方式度過她的人生。即便是別人眼中的苦難，都可能成為她生命中的養分。

我學習著，像她一樣有趣地走到生命最後。

推薦文

讓我以喜歡的方式去活

演員／連俞涵

人的一生像是一場漫長又倉促的旅程。放進宇宙，我們的星球，只是遠方的一個光點，細小如塵，人的存在也渺小得只在那一瞬。

我們總有千絲萬縷的煩惱，關於生老病死，有過太多的討論，卻習慣忽略死亡總有一天會來到你面前。

有位朋友告訴我，他希望可以在意識到自己差不多要告別這個世界時，舉辦生前告別式，因為如果是一般的喪禮，通常是大家都來了，而主角卻不在。他也不希望送毛巾或肥皂這些禮物，太沒有情感了，他希望把自己的物品都擺放出來，大家臨走前，帶走自己喜歡的，好好延續這些東西的生命，那他就滿足了。

閱讀樹木希林的人生箴言，讓我獲得了滿滿的能量和療癒，但不免又想起她在訪問時說的：「咦？你說有人因為我說的話而得到了救贖？這已經是依存症了啊，拜託自己想想吧。」

是啊！我們都得自己想想，即使才剛被這些灑脫又帥氣的箴言觸動得內心激動，下一秒卻又被樹木希林的明朗直白帶回當下，不自覺地噗哧笑出聲。

身為演員，我也常懷疑自己是否真的適合這個職業與環境，在樹木希林的坦率言語中，好像也思索出一些答案。對於演員，她說：「若只是一個好人，便無法觀察別人；還得要是令人討厭的傢伙，才做得來演員這一行。」並接著說：「我奉勸各位父母不要想讓女兒當什麼演員，婚姻一定會失敗，不可能順遂，要是順利的話就不適合做這行了。還得要看見人的不同之處，有與眾不同的點子。」

看到這段，我一個人在房裡大笑，說得太貼切了。當演員的確不是一件容易的事，這其中滋味，還是要當了演員之後才明白。

這些看似把所有缺點都攤在陽光下的坦蕩，其實也是對演員這個職業熱愛的展現。

有種「我都把話說這麼絕了，如果你還執意要當演員，那別怪我沒事先告訴你這個行業有很多心酸的部分喔！不過要當就去當吧，這是你自己的人生啊！」的泰然。

能這樣一邊發牢騷一邊轉身投入角色，瞬間啟動角色靈魂按鈕，牽動無數人心緒，一次次投入又一次次捨去放下的，就只有樹木希林了。

在這本書中找到了很多相似的共鳴，就像樹木希林說的，想要靠自己看清楚「人」，就非得要獨立。

所以沒什麼好怕的，生而為人，我們自己要為自己的生老病死和喜怒哀樂負責。

最後我想說，我真的非常喜歡書名的涵義，讓我以喜歡的方式死去，某種程度上來說，也可以解讀成，讓我以喜歡的方式去活。

樹木希林　七十五年生平年表

西元（年號）	年齡	事件
一九四三（昭和18）年	0歲	・出生。母親是在東京府東京市神田區（現為東京都千代田區）經營咖啡廳的中谷清子，父親中谷襄水曾是警察，後來成為薩摩琵琶演奏家。
一九六一（昭和36）年	18歲	・就讀千代田女子學園時，目標是考上藥科大學，然而因滑雪意外摔斷腿而放棄入學考試。在報紙廣告上看到劇團「文學座」附屬戲劇研究所正在召募新人而前去應考，錄取。加入成為第一屆實習生，並以「悠木千帆」為藝名展開演員生涯。
一九六四（昭和39）年	21歲	・森繁久彌主演的電視劇《七個孫子》（TBS）第一季開播。因飾演主角森繁身邊的一名女僕，而成為固定班底。認識劇作家向田邦子、劇場總監久世光彥。 ・與文學座同期的演員、劇場總監岸田森結婚。
一九六五（昭和40）年	22歲	・《七個孫子》（TBS）第二季開播。
一九六六（昭和41）年	23歲	・退出文學座之後，與丈夫岸田森及村松克己、草野大悟等人創立劇團「六月劇場」。 ・在電影《續・酩酊博士》（井上昭執導）中與勝新太郎合演。不僅接演電影，也參與多部電視劇演出，多飾演平凡小人物。
一九六八（昭和43）年	25歲	・與岸田森離婚。在雜誌採訪中提到「突然想改變生活，與岸田經過三小時促膝長談後便離婚了」。
一九七〇（昭和45）年	27歲	・在電影《男人真命苦3 戀愛大放題》（森崎東執導）裡與渥美清共同演出。 ・森光子主演的電視劇《時間到了喲！》（TBS）第一季開播，飾演錢湯裡的工作人員。
一九七一（昭和46）年	28歲	・《時間到了喲！》（TBS）第二季開播。
一九七三（昭和48）年	30歲	・《時間到了喲！》（TBS）第三季開播。 ・與歌手內田裕也結婚。由在《時間到了喲！》共同演出的歌手釜萢弘介紹，兩人認識不到五十天便決定共結連理。

一九七四（昭和49）年　31歲

・於電視劇《寺內貫太郎一家》（TBS）中飾演主角貫太郎的母親，寺內金太太。將一頭黑髮染白，完美詮釋「老太太」一角。對著澤田研二的海報，邊喊「Julie～」邊嬌羞扭動的動作，成為當時的流行語。
・電視劇《時間到了喲！昭和元年》（TBS）開播。飾演主角森光子的母親，再度扮老。

一九七五（昭和50）年　32歲

・《寺內貫太郎一家2》（TBS）開播。這段時間開始與內田裕也分居。

一九七六（昭和51）年　33歲

・長女也哉子誕生。
・電視劇《櫻花之歌》（TBS）開播。與美輪明宏共同演出，擔任其戀人一角。
・日本教育電視臺（NET電視）改名為全國朝日放送（朝日電視臺），在特別紀念節目中的拍賣會上，以「沒有什麼可以拿出來賣」為由，將藝名「悠木千帆」拿來拍賣，最後以兩萬零兩百日圓定槌。改名為「樹木希林」。

一九七七（昭和52）年　34歲

・參與電視劇《姆》（TBS）的演出。
・與共同演出《姆》一劇的鄉廣美合唱〈妖怪的搖滾樂〉之唱片發售。搭配歌曲的舞蹈廣受喜愛，唱片熱賣。

一九七八（昭和53）年　35歲

・《姆》的續集，《姆一族》（TBS）開播。
・〈妖怪的搖滾樂〉之後再次與鄉廣美合唱的〈林檎殺人事件〉在《The Best Ten》（TBS）排行榜中連續四週得到第一名。

一九七九（昭和54）年　36歲

・在《姆一族》殺青酒會致詞，爆出節目製作人久世光彥與同劇的女演員外遇，且該女星已懷孕一事引起喧然大波。此後至一九九六年為止，與久世光彥之間一直都沒有聯絡。
・拍攝磁力貼「惠麗喜絆」廣告。

一九八〇（昭和55）年　37歲

・在富士軟片廣告「名字篇」中飾演到沖洗店沖洗相親照的客人，綾小路小百合。與岸本加世子飾演的店員之間的對話互動，以及片中的廣告詞「美人會更美，不美的人則如實呈現」都成為話題。這句廣告詞原本為「不美的人也會變美」，因樹木希林提出異議而更改。

一九八一（昭和56）年　38歲

・電視劇《夢千代日記》（NHK）開播，與吉永小百合共同演出。
・內田裕也擅自提出離婚申請書。樹木希林提出無效之訴，最後獲得勝訴。

一九八二（昭和57）年　39歲

・《夢千代日記》第二部，《續 夢千代日記》開播。

一九八七（昭和62）年　44歲

- 獲得以日本演藝界工作的女性為評選對象的獎項，日本女性廣播人懇談會獎（後來的放送女性獎）。
- 憑在NHK晨間小說連續劇《跳駒》的演技獲得第三十七屆藝術選獎文部大臣獎。

一九九〇（平成2）年　47歲

- 參與NHK大河劇《宛如飛翔》的演出。

一九九一（平成3）年　48歲

- 參與NHK晨間小說連續劇（三十週年紀念作）《請問芳名》的演出。
- 參與北野武主演的連續劇，實錄犯罪史系列《金的戰爭》（富士電視）的演出。該劇獲得放送文化基金獎優秀獎、日本民間放送聯盟優秀獎、放送批評懇談會銀河賞鼓勵獎。

一九九三（平成5）年　50歲

- 參與電視劇《今後，海邊的旅人們》，與高倉健共同演出。

一九九五（平成7）年　52歲

- 參與中居正廣主演的電視劇《廚藝小天王》（朝日電視）的演出。
- 女兒也哉子與本木雅弘結婚。本木入贅內田家。
- 參與電視劇《光輝的鄰太郎》（TBS）的演出。

一九九六（平成8）年　53歲

- 《姆一族》結束至今，再次與久世光彥共同演出電視劇《小少爺》（TBS），參與演出的還有鄉廣美。

一九九七（平成9）年　54歲

- 長孫雅樂（UTA）誕生。

一九九九（平成11）年　56歲

- 長孫女伽羅誕生。

二〇〇二（平成14）年　59歲

- 獲廣告明星好感度調查，女星中的第一名。
- 日語教養節目《日本語歲時記 大希林》（NHK）開播，該節目一直持續到二〇〇五年。

二〇〇三（平成15）年　60歲

- 左眼視網膜剝離，視力嚴重衰退，三月時已全盲。與長嶋茂雄的對談集結成書《人生的智慧袋》（幻冬舍），於書中坦誠此事，該書於二〇〇四年一月上市。同月召開記者會，會中提到心境，「早上起來發現漸漸看不到，眼前一片白，感到絕望」。

二〇〇四（平成16）年　61歲

- 參與TBS電視臺開臺五十週年的特別劇《向田邦子的情書》演出。
- 參與電影《半自白》（佐佐部清執導）的演出。在該片中的演技備受肯定，獲得第二十六屆橫濱電影節最佳女配角、第二十八屆日本電影金像獎最佳女配角、第五十九屆日本放送電影藝術大獎最佳女配角等大獎。
- 參與電影《下妻物語》（中島哲也執導）的演出。

二〇〇五（平成17）年　62歲

- 因罹患乳癌，將右乳全部切除。二月出席第二十六屆橫濱電影節時，開玩笑地對人說：「我是癌症患者，不要讓我工作太累啊。」

二〇〇七（平成19）年　64歲

・在電影《東京鐵塔：老媽和我，有時還有老爸》（松岡錠司執導）中飾演擔任主角的小田切讓的母親。在該作的精湛演出，獲頒第三十一屆日本電影金像獎最佳女主角。於頒獎典禮上表示「如果是我，會投給其他作品」、「我想是不是有人動員投票」。該作同時也獲得第二十屆日刊體育電影大獎最佳女配角、第六十二屆日本放送電影藝術大獎最佳女配角。

二〇〇八（平成20）年　65歲

・參與電影《橫山家之味》（是枝裕和執導）的演出，飾演擔任主角的阿部寬的母親。憑該作品獲得第三十屆南特影展最佳女主角、第五十一屆藍絲帶獎最佳女配角、第三十三屆報知電影獎最佳女配角、第八十二屆電影旬報十佳女配角之一、第六十三屆日本放送電影藝術大獎最佳女配角等大獎。
・秋季敘勳時，獲頒紫綬褒章。

二〇一〇（平成22）年　67歲

・參與電影《惡人》（李相日執導）的演出。獲得第三十四屆日本電影金像獎最佳女配角。
・為電影《借物少女艾莉緹》（吉卜力工作室 米林宏昌執導）配音。
・第三位孫子玄兔誕生。

二〇一一（平成23）年　68歲

・於結婚情報誌《Zexy》（Recruit）的電視廣告中與先生內田裕也第一次夫妻共同演出。
・內田裕也因要求前女友復合未果，私闖民宅而遭警方逮捕。樹木立刻在自家舉行記者會，表示：「我不會道歉的，該道歉的人自己來說。」
・參與電影《奇蹟》（是枝裕和執導），在該片中首次與外孫女伽羅共同演出。

二〇一二（平成24）年　69歲

・參與電影《我的母親手記》（原田真人執導）的演出，獲得第四屆多摩電影獎最佳女主角、第二十五屆日刊體育電影大獎最佳女配角。

二〇一三（平成25）年　70歲

・以《我的母親手記》獲得第三十六屆日本金像獎最佳女演員，在頒獎典禮的演說中表示「癌症已蔓延全身」。
・參與電影《我的意外爸爸》（是枝裕和執導）的演出。該作在第六十六屆坎城影展競賽中正式公開，榮獲評審團獎。

二〇一四（平成26）年　71歲

・貼身拍攝樹木希林人生首次到伊勢神宮參拜等活動的紀錄片《神宮希林．我心中的神》（伏原健之執導）公開上映。
・秋季敘勳時，獲頒旭日小綬章。

二〇一五（平成27）年　72歲

- 參與電影《投靠女與出走男》（原田真人執導）的演出。
- 在電影《戀戀銅鑼燒》（河瀨直美執導）中飾演曾是痲瘋病患者的老太太。在該作的精湛演出，獲得第二十九屆山路芙美子最佳女演員獎、第四十屆報知電影獎最佳女主角、第三十九屆日本金像獎最佳女主角等大獎。該作亦為第六十八屆坎城影展「一種注目」單元開幕片。
- 參與電影《海街日記》（是枝裕和執導）的演出。
- 以NHK福岡放送局製作的福岡地方電視劇《絲島森林之家》獲得第四十二屆放送文化基金獎最佳演技獎。

二〇一六（平成28）年　73歲

- 為寶島社企業形象廣告代言。廣告宣言「讓我以喜歡的方式死去吧」引發討論。
- 獲得第十屆亞洲電影大獎終身成就獎。
- 參與電影《比海還深》（是枝裕和執導）的演出，也是與阿部寬繼《橫山家之味》以來第二次搭檔飾演母子。該作入選第六十九屆坎城影展「一種注目」單元，並榮獲第二十六屆挪威奧斯陸南方影展最大獎「銀鏡獎」。

二〇一七（平成29）年　74歲

- 擔任旁白的紀錄片《積存時間的生活》（伏原健之執導）公開上映。

二〇一八（平成30）年　75歲

- 親自參與企畫的電影《Erica 38》（日比遊一執導）開拍。（預計二〇一九年公開上映）。
- 參與電影《仙人畫家：熊谷守一》（沖田修一執導）的演出。共同飾演夫婦的山崎努為文學座劇團的前輩，對樹木希林而言是如明星般耀眼的人物。
- 參與電影《小偷家族》（是枝裕和執導）的演出。該作獲得第七十一屆坎城影展金棕櫚獎，同時囊括各大影展獎項。
- 擔任記錄內田裕也音樂活動與半生的紀錄片節目《The Nonfiction 停不下來的靈魂 內田裕也》（富士電視）之旁白。
- 女婿本木雅弘在記者會上表示樹木希林在友人家中跌倒，左大腿骨折，緊急動了手術，情況一度危急。記者會中展示了樹木希林親筆寫下的話語：「最終還是將這條細細的生命線維持住，說不出一句話，頑強又麻煩的老太婆。」
- 九月十五日，在家人環顧之下，於自家中嚥下最後一口氣。享壽七十五歲。與得知她病危的內田裕也透過手機擴音通話之後才離世。
- 經過一年貼身採訪的《NHK特別節目．生為樹木希林》（NHK）播出。
- 參與演出的電影《日日是好日》（大森立嗣執導）公開上映。
- 女兒內田也哉子代表出席第四十三屆報知電影獎最佳女配角頒獎典禮，提到：「我想，我母親應該會很毒舌地說你們竟然把這個獎頒給一個死人，品味也真是太特殊了吧。獎金有多少？」

文章出處

（同本書正文編號）

第一章

1 《PHPスペシャル》（PHP研究所）二〇一六年六月號〈巻頭インタビュー　樹木希林〉

2 《月刊風とロック》（風とロック）二〇一三年四月號

3 《FRaU》（講談社）二〇〇二年八月二十七日號〈早川タケジのジャルダン・デ・モード（12）樹木希林〉

4 《ゆうゆう》（主婦の友社）二〇一六年六月號〈表紙の人インタビュー樹木希林さん女優　橋爪功さん俳優〉

5 《日曜美術館「北大路魯山人×樹木希林」》（NHK）二〇一七年八月六日播映

6 一九八八年七月二十三日《読売新聞》（東京夕刊）〈この人 Part II 樹木希林普通の人をふつう感覚で〉

7 《家庭画報》（世界文化社）二〇一八年七月號〈アクティブレスト樹木希林　人間をよく見つめる監督との信頼関係のなかで演じる〉

8 《婦人公論》（中央公論新社）二〇一八年五月二十二日號〈表紙の私　樹木希林　上出来、上出来〉

9 二〇〇九年二月二十日《産経新聞》（東京朝刊）〈ゆうゆう Life 女優樹木希林さん（66）（下）死意識して対面を決意夫婦の戦いにピリオド〉より

10 二〇一八年五月二十三日《朝日新聞》（東京朝刊）〈語る人生の贈りもの役者樹木希林（12）「ロックンロール！」の夫が…〉

11 《ハルメク》（ハルメク）二〇一六年六月號〈スペシャル対談　阿部寛さん　樹木希林さん〉

12 二〇一五年五月二十七日《産経新聞》（東京朝刊）〈話の肖像画　女優　樹木希林（72）（3）回遊魚の夫は大事な重し〉より

13 二〇一八年五月二十一日《朝日新聞》（東京朝刊）〈語る　人生の贈りもの役者　樹木希林（10）芸名は「ちゃちゃちゃりん」？〉

14 《温故希林　樹木希林の骨董珍道中第3回「着物」》（NHK）二〇一一年八月十日播映

15 《婦人公論》（中央公論新社）二〇一八年五月二十二日號〈表紙の私　樹木希林　上出来、上出来〉

16 《週刊現代》（講談社）二〇一五年六月六日號〈個性派女優が本音で語った「私」と「家族」の物語　樹木希林〉

17 《AERA》（朝日新聞出版）二〇一七年五月十五日號〈年をとるのは怖いですか全身がん俳優・樹木希林（74）の死生観〉

18 《月刊　風とロック》（風とロック）二〇一三年四月號

19 《サンデー毎日》（毎日新聞出版）一九七七年九月四日號〈おんなの午後　樹木希林（3）常識のはなし〉

20 二〇〇五年七月六日《日刊スポーツ》（東京日刊）〈夢追い群像樹木希林（下）代表作なし…天才ゆえの不幸〉

21 《AERA》（朝日新聞出版）二〇一七年五月十五日號〈年をとるのは怖いですか全身がん俳優、樹木希林（74）の死生観〉

22 《FRaU》（講談社）二〇一六年六月號〈樹木希林　荒木経惟〉

23 二〇一二年四月二十日《毎日新聞》（東京夕刊）〈人生は夕方から楽しくなる老いゆく母を演じて　樹木希林さん〉

24 二〇一四年十一月三日《朝日新聞》（東京朝刊）〈秋の叙勲「すべて成り行き」自然体　樹木希林さん〉
25 《宝石》（光文社）一九八五年九月號〈灰谷健次郎　連載対談　われら命の旅人たり（9）ゲスト　樹木希林〉
26 東京コピーライターズクラブ編《コピー年鑑二〇一六》ふろく（宣伝会議）二〇一六年十一月発行〈〝コピーの神様〟樹木希林さんインタビュー〉
27 《とくダネ！》追悼報道（フジテレビ）二〇一八年九月十七日播映

第二章

28 《婦人公論》（中央公論新社）二〇一五年六月九日號〈女優樹木希林　妻という場所のおかげで、野放図にならずにすんだ〉
29 二〇一八年八月四日《熊本日日新聞》（夕刊／共同通信配信）〈インタビュー百人百話　女優樹木希林さんがん告白と生活〉
30 二〇一八年五月八日《朝日新聞》（東京朝刊）〈語る人生の贈りもの役者樹木希林（1）がんになり腰が低くなりました〉
31 二〇〇五年七月六日《日刊スポーツ》（東京日刊）〈夢追い群像　樹木希林（下）代表作なし…天才ゆえの不幸〉
32 《ゆうゆう》（主婦の友社）二〇一六年六月號〈表紙の人インタビュー　樹木希林さん　女優橋爪功さん俳優〉
33 《週刊朝日》（朝日新聞出版）二〇一二年二月十七日號〈鎌田實VS樹木希林　がんと闘うコツお教えします〉
34 二〇一四年五月號《日豪プレス》全国版〈独占　特別インタビュー　樹木希林さん〉
35 《婦人画報》（ハースト婦人画報社）二〇一五年六月號〈樹木希林　ドリアン助川一週間あれば、いつ死んでもいい〉

第三章

36 《いきいき（現ハルメク）》（ハルメク）二〇〇八年七月號〈いきいき特別対談　樹木希林さん　阿部寛さん　家族というテーマは無限大です。〉
37 二〇一四年十月十三日《毎日新聞》（東京朝刊）〈おんなのしんぶん別所哲也のスマートトーク樹木希林年を取るって面白い〉
38 《いきいき（現ハルメク）》（ハルメク）二〇一五年六月號〈女優　樹木希林さん人生でやり残しはないですね。この先はどうやって成熟して終えるか、かしら。〉
39 《婦人公論》（中央公論新社）一九八〇年十一月號「対談　より美しく齢を重ねる研究樹木希林（女優）浦沢月子（紬屋吉平主人）」
40 《NHKスペシャル「〝樹木希林〟を生きる」》（NHK）二〇一八年九月二十六日播映
41 《婦人画報》（ハースト婦人画報社）二〇一五年六月號〈樹木希林　ドリアン助川１週間あれば、いつ死んでもいい〉
42 《ノンストップ！》追悼報道（フジテレビ）二〇一八年九月十八日播映
43 《いきいき（現ハルメク）》（ハルメク）二〇一五年六月號〈女優　樹木希林さん人生でやり残しはないですね。この先はどうやって成熟して終えるか、かしら。〉
44 《AERA》（朝日新聞出版）二〇一七年五月十五日號〈年をとるのは怖いですか全身がん　俳優・樹木希林（74）の死生観〉
45 《あさイチ「プレミアムトーク　樹木希林」》（NHK）二〇一八年五月十八日播映
46 《月刊風とロック》（風とロック）二〇一三年四月號
47 《いきいき（現ハルメク）》（ハルメク）二〇〇七年一月號〈宇津井健さんの70代　こそ男の旬（第6回）新年號特別対談〉

第四章

48《クローズアップ現代「がんを〝生ききる〟～残された時間　どう選択～」》（NHK）二〇一六年二月九日播映

49《Withnews》二〇一八年八月三十一日發布〈「こんな姿になっても…」若者へ樹木希林さんが直筆メッセージ〉

50《アサヒ芸能》（徳間書店）一九七四年九月十二日號〈連載　口説き対談（33）おとこ バロン吉元おんな 悠木千帆〉

51《家の光》（家の光協会）二〇一五年七月號〈表紙の人女優 樹木希林〉

52《あさイチ「プレミアムトーク　樹木希林」》（NHK）二〇一八年五月十八日播映

53 二〇一五年六月十日《西日本新聞》（夕刊／共同通信配信）〈エンタメ ひと悲劇を超えて生きる力映画「あん」主演樹木希林〉

54 二〇一六年六月十日《朝日新聞》（東京朝刊）〈憲法を考えるあの隔離から〉

55《女性自身》（光文社）一九九五年七月二十五日號〈母 樹木希林が親友に打ち明けた〝七夕挙式〟までの全秘話（2）〉

56《ダ・ヴィンチ》（KADOKAWA）二〇一五年七月號〈樹木希林×又吉直樹蕎麦屋でまったり対談〉

57《戦後70年樹木希林ドキュメンタリーの旅「むかし むかし この島で」鈴木敏夫》（東海テレビ）二〇一五年八月十五日播映

58《神宮希林》（東海テレビ）二〇一三年十一月三日播映

59《月刊風とロック》（風とロック）二〇一三年四月號

60 一九九八年二月十六日《中日新聞》（夕刊）〈樹木希林「おもしろうて、やがて悲しき女優」〉

61《PHPスペシャル》（PHP研究所）二〇一六年六月號〈巻頭インタビュー樹木希林〉

62《月刊風とロック》（風とロック）二〇一三年四月號

63《FRaU》（講談社）二〇〇二年八月二十七日號〈早川タケジのジャルダン・デ・モード（12）樹木希林〉

64《不登校新聞》二〇一七年十一月一日發布

65《戦後70年 樹木希林ドキュメンタリーの旅「むかし むかし この島で」鈴木敏夫》（東海テレビ）二〇一五年八月十五日播映

66《月刊 風とロック》（風とロック）二〇〇七年八月號

第五章

67《週刊明星》（集英社）一九七三年十月七日號〈完全独占インタビュー　悠木千帆と内田裕也が十月十日電撃結婚式〉

68《女性セブン》（小学館）一九八一年四月二日號〈田淵選手元夫人 博子のホームラン・インタビュー　樹木希林さんの〝離婚再出発〟にあたし乾杯〉

69《週刊明星》（集英社）一九八一年四月二日號〈独占インタビュー　樹木希林夫・内田裕也の帰国を待ち構え〉

70《週刊明星》（集英社）一九八一年四月二日號〈独占インタビュー　樹木希林夫・内田裕也の帰国を待ち構え〉

71 二〇〇五年七月五日《日刊スポーツ》（東京日刊）〈夢追い群像　樹木希林（中）内田裕也との「婆娑羅」な別居生活〉

72《いきいき（現ハルメク）》（ハルメク）二〇〇七年一月號〈宇津井健さんの70代こそ男の旬（第6回）新年號特別対談〉

73 二〇一一年五月十四日《サンケイスポーツ》〈樹木希林（68）夫・裕也を淡々とバッサリ〉より

74 二〇一四年五月號《日豪プレス》全国版〈独占 特別インタビュー樹木希

林さん〉

75 《とくダネ！》追悼報道（フジテレビ）二〇一八年九月十七日播映

76 二〇一四年十月十三日《毎日新聞》（東京朝刊）〈おんなのしんぶん 別所哲也のスマートトーク 樹木希林 年を取るって面白い〉

77 二〇一五年五月二十七日《産経新聞》（東京朝刊）〈話の肖像画 女優 樹木希林（72）（3）回遊魚の夫は大事な重し〉より

78 《週刊現代》（講談社）二〇一五年六月六日號〈個性派女優が本音で語った「私」と「家族」の物語 樹木希林〉

79 《FRaU》（講談社）二〇一六年六月號〈樹木希林 荒木経惟〉

80 二〇一八年五月二十二日《朝日新聞》（東京朝刊）〈語る 人生の贈りもの 役者樹木希林（11）夫と45年別居 あの世では同居？〉

第六章

81 《CREA》（文藝春秋）二〇一八年七月號〈Culture & Columns Relay Essay 樹木希林の今月のあれとこれ〉

82 《FRaU》（講談社）二〇一六年六月號〈樹木希林 荒木経惟〉

83 《宝石》（光文社）一九八五年九月號〈灰谷健次郎 連載対談 われら命の旅人たり（九）ゲスト樹木希林〉

84 《ボクらの時代》追悼特別企画（フジテレビ）二〇一八年九月三十日播映

85 一九九九年二月二十七日《スポーツニッポン》〈「母」樹木希林さん 死後も"破天荒" 兄姉出現に仰天〉

86 一九九六年二月十九日《朝日新聞》（東京朝刊）〈おやじの背中 俳優 樹木希林 人を面白がり、人に好かれ〉

87 《あさイチ「プレミアムトーク 樹木希林」》（NHK）二〇一八年五月十八日播映

88 《キネマ旬報》（キネマ旬報社）二〇〇七年四月上旬號〈オカン役 樹木希林の言葉〉

89 《ボクらの時代》追悼特別企画（フジテレビ）二〇一八年九月三十日播映

90 《女性セブン》（小学館）一九八六年六月五日號〈セブン・スター・シリーズ 樹木希林〉

91 《ボクらの時代》追悼特別企画（フジテレビ）二〇一八年九月三十日播映

第七章

92 東京コピーライターズクラブ編《コピー年鑑２０１６》ふろく（宣伝会議）二〇一六年十一月發行〈"コピーの神様" 樹木希林さんインタビュー〉

93 二〇一八年八月四日《熊本日日新聞》夕刊／共同通信配信〈インタビュー百人百話 女優 樹木希林さん がん告白と生活〉

94 《AERA》（朝日新聞出版）二〇一八年六月十八日號〈時代を読む スペシャルインタビュー 樹木希林 女優魂の渾身と自由〉

95 二〇一五年五月二十九日《産経新聞》（東京朝刊）〈話の肖像画 女優 樹木希林（72）（5）絵の具の一色に居心地のよさ〉より

96 《広告批評》（マドラ出版）二〇〇八年六、七月號〈第二回 広告夫婦がゆく!! 今月のゲスト 樹木希林さん〉

97 東京コピーライターズクラブ編《コピー年鑑２０１６》ふろく（宣伝会議）二〇一六年十一月發行〈"コピーの神様" 樹木希林さんインタビュー〉

98 《婦人公論》（中央公論新社）二〇一五年六月九日號〈女優 樹木希林 妻という場所のおかげで、野放図にならずにすんだ〉

99 《日曜美術館「北大路魯山人×樹木希林」》（NHK）二〇一七年八月六日

播映

100 《あさイチ「プレミアムトーク 樹木希林」》（NHK）二〇一八年五月十八日播映

101 《キネマ旬報》（キネマ旬報社）二〇〇八年十二月上旬號〈隔號連載 これがはじまり 樹木希林（最終回）〉

102 二〇〇五年七月六日《日刊スポーツ》（東京日刊）〈夢追い群像 樹木希林（下）代表作なし…天才ゆえの不幸〉

103 《樹木希林のばあばとフルタチさん》（東海テレビ）二〇一七年八月十一日播映

104 《月刊 風とロック》（風とロック）二〇〇七年八月號

105 《ボクらの時代》追悼特別企画（フジテレビ）二〇一八年九月三十日播映

106 《あさイチ「プレミアムトーク 樹木希林」》（NHK）二〇一八年五月十八日播映

107 《月刊 風とロック》（風とロック）二〇一三年四月號

第八章

108 《クローズアップ現代「がんを〝生ききる〟～残された時間 どう選択～」》（NHK）二〇一六年二月九日播映

109 二〇一八年五月二十五《朝日新聞》（東京朝刊）〈語る 人生の贈りもの 役者樹木希林（14）人生、上出来でございました〉

110 《サンデー毎日》（毎日新聞出版）一九七七年八月二十八日號〈おんなの午後 樹木希林（2）欲のはなし〉

111 《週刊朝日》（朝日新聞出版）二〇一二年二月十七日號〈鎌田實VS樹木希林がんと闘うコツお教えします〉

112 《月刊 風とロック》（風とロック）二〇一三年四月號

113 《樹木希林の居酒屋ばあば》（東海テレビ）二〇一七年一月二十八日播映

114 《とくダネ！》追悼報道（フジテレビ）二〇一八年九月十七日播映

115 《AERA》（朝日新聞出版）一九九六年九月十五日號〈私の夢みる大往生執着を一切捨てて「じゃあね」と言えたら樹木希林さん女優〉

116 《樹木希林のばあばとフルタチさん》（東海テレビ）二〇一七年八月十一日播映

117 《FRaU》（講談社）二〇〇二年八月二十七日號〈早川タケジのジャルダン・デ・モード（12）樹木希林〉

118 二〇〇九年二月二十日《産経新聞》（東京朝刊）〈ゆうゆうLife 女優 樹木希林さん（66）（下）死意識して対面を決意 夫婦の戦いにピリオド〉より

119 《いきいき（現ハルメク）》（ハルメク）二〇一五年六月號〈女優 樹木希林さん 人生でやり残しはないですね。この先はどうやって成熟して終えるか、かしら。〉

120 二〇一八年五月二十五日《朝日新聞》（東京朝刊）〈語る 人生の贈りもの 役者樹木希林（14）人生、上出来でございました〉

國家圖書館出版品預行編目（CIP）資料

離開時，以我喜歡的樣子：日本個性派俳優，是枝裕和電影靈魂演員，樹木希林 120 則人生語錄 / 樹木希林著；藍與析譯. -- 初版. -- 臺北市：遠流，2019.08

面；　公分

譯自：樹木希林 120 の遺言：死ぬときぐらい好きにさせてよ

ISBN 978-957-32-8606-6(平裝). --

1. 樹木希林 2. 演員 3. 傳記

783.18　　108010751

離開時，以我喜歡的樣子

日本個性派俳優，是枝裕和電影靈魂演員，樹木希林 120 則人生語錄

作者／樹木希林
譯者／藍與析

責任編輯／陳嬿守
主編／林孜懃
封面設計／謝佳穎
行銷企劃／鍾曼靈
出版一部總編輯暨總監／王明雪

發行人／王榮文
出版發行／遠流出版事業股份有限公司
104005 台北市中山北路一段 11 號 13 樓
電話：2571-0297　傳真：2571-0197　郵撥：0189456-1
著作權顧問／蕭雄淋律師

□ 2019 年 8 月 1 日 初版一刷
□ 2022 年 9 月 15 日 初版十一刷
定價／新台幣 380 元（缺頁或破損的書，請寄回更換）

ISBN 978-957-32-8606-6

遠流博識網 http://www.ylib.com　E-mail: ylib@ylib.com
遠流粉絲團 https://www.facebook.com/ylibfans